新装版

現代語訳　親鸞全集 5

言行・伝記

真継伸彦

法藏館

本書は、昭和五七（一九八二）年刊行の『現代語訳親鸞全集5言行・伝記』第一刷をオンデマンド印刷で再刊したものである。

再刊にあたって、今日の人権意識に照らして好ましくない表現が見られますが、原文の時代背景や著者が差別を助長する意図で使用していないこと、著者が故人となっていることなどを考慮し原文のままといたしました。

わが歎異抄わが親鸞

私が『歎異抄』を最初に読んだのは、大学の三、四年のころだったと思います。その時は、いわば教養の一端として読んだだけで、格別の感銘を受けた覚えはありません。その『歎異抄』を、不意に熱心に読みたくなったのは、大学を卒業して、東京で就職して三、四年たったころだったと思います。

私は高校生のころから小説を書こうと考えておりましたが、この二十五、六歳のころに、自分の小説に完全に行き詰まってしまいました。自己自身についての失望ないしは絶望を、深く味わわざるをえなかったわけです。

当時、私は豊島区の雑司谷《ぞうしがや》という所に住んでおりました。ある夕方、近所へ散歩にでて、私はふいに、自分で自分がもはや持ちきれないというような挫折感《ざせつかん》に襲《おそ》われたのです。その時の、夕方の光の中の、やや赤らんだ、芝居の書き割りじみた周囲の家並の情景まで、私は今もあざやかに覚えています。自分がどんな小説を書けばいいのかわからない。もはや自分の生に何の意味も見出せない。自分が終生の目的としてきたことが、目の前から消滅してしまったのですが、そういう時に、以前に読んだ『歎異抄』の全体の、暗澹《あんたん》とした雰囲気でありながら、しかも慰めに満ちている、そういう『歎異抄』の全体の雰囲気が甦《よみが》えったのです。有名な章句のあれこれでなく、全体の、暗澹としていながらも優しさにあふれている雰囲気が甦えったのです。その時に私は、この本を精読したいという願望にはじめてとりつかれたのです。その全体の雰囲気を、あえてひとつの語句に集中してみますと、第二条の、「とても地獄は一定すみかぞかし」という言葉になるのではないかと思います。「私のような人間はもともと地獄堕《お》ちにきまっている」。そういうしっかりした絶望の覚悟の中に安住している。そういう親鸞の心境が、人生の大きな海の中で溺《おぼ》れてしまった人間にとって、必死にすがりつくべき一本のわらのようにも思えて、私ははじめて『歎異抄』を精読したのです。

私はその時に『歎異抄』だけでなく、『選択本願念仏集《せんじやくほんがんねんぶつしゆう》』や『一言芳談《いちごんほうだん》』などという日本浄土教の代表作も、まとめて読みました。当時の私には原文で読む力はありませんでしたので、さる口語訳の日本古典文学全集に収められていた『仏教文学集』で読んだのです。私はそこではじめて、法然や一遍という日本浄土教史上の、独創的な思想家たちにも出会ったのです。

親鸞の先生であった法然と親鸞とを、私の二十代なかばの印象で比較すれば、法然上人は肖像画を拝見しても、鼻髭をたくわえれば小児科のお医者さんではないかと思われるほど、まことに優しい印象をあたえます。優しい一方の人です。法然の大乗仏教の理念にもとづいた優しさは、主著の『選択本願念仏集』を読めばどなたにもわかると思います。法然は比叡山《ひえいざん》きっての大学者であって、しかも生涯童貞であったといわれるほど、仏教の戒律をまもりぬいた清僧《せいそう》でありました。それが一般の民衆にたいしては、どんなに愚《おろ》かな、不勉強な悪人でも、「南無阿弥陀仏」と称《とな》えるだけで阿弥陀さまが極楽浄土に迎えてくださるという信仰を弘めていったのです。この根本のところにも、法然の優しさが端的に現われています。

『選択本願念仏集』を読みますと、阿弥陀さまが、四十八のうちの第十八番目の誓願《せいがん》で、一度でも念仏を称えた衆生は、かならず浄土に迎えてやると約束しておられるわけがわかります。もしもいろいろな勉強をしなければ極楽浄土に行けないとすると、ほんの少数の人間しか行けないことになる。というのは、世の中には、賢い人間あるいは勉強に励むことのできる人間はあまりにも少なく、愚かな怠けものはあまりにも多いからです。あるいはまた、寺を造ったり塔を建てたりしなければ極楽浄土に行けないとすれば、結局は金持ちだけしか浄土に迎えてやれないことになる。ところが世の中には、金持ちはあまりにも少なく、貧乏人はあまりにも多い。法然はこういう論法でもって、仏教のさまざまな戒律《かいりつ》から、善行《ぜんぎょう》さえも、極楽往生のためには必要でないと主張するのです。それは、飲酒、肉食、妻帯をしないといったような、仏教の戒律を守ることができる人間しか浄土へ行けないとすれば、ほんの僅《わず》かな人間しか行けなくなる。世の中には破戒無慙《はかいむざん》の人間があまりにも多いからです。しかし大乗仏教の理念は、あらゆる人間を救済しようとするところにあるのです。悪いことばかりする、勉強もろくにできない愚かな人間、救うに救われない人間、そんな人間を救おうとするところに、大乗仏教の慈悲《じひ》というものがあるのです。阿弥陀さまの極楽浄土も、この慈悲の理念にもとづいてつくり出されています。ですから、どんな悪人をも、いや、悪人をこそ浄土に迎えてやろうというのが弥陀の本願です。だから、どんな愚かな悪人にでもできる、最も容易な仏道修行として、「南無阿弥陀仏」という念仏があるのです。阿弥陀さまは、これを称えるだけで、どんな人間でも死んでから極楽浄土へ入れてやろうと、根本の誓願（本願）である第十八願でお誓いになったのです。そしてその誓願は、十劫《こう》というはるか昔にすでに果《はた》し遂《と》げられて、極楽浄土は実現されているのです。そのように信じるのが、簡単にいって法然の信心であったわけです。

そういう信心を広めた法然は、全く優しい人であったと私は思います。残っている肖像画ひとつを見ても、私には法然の優しさが感じられます。その法然と親鸞とを対比しますと、私は親鸞のほうには、あえて一言でいえば、深さを感じます。信心の深さというものを、私は親鸞のさまざまな著作から感じるのです。

その「深さ」の内容を、私は「弥陀の本願」に関連して説明したいと思います。本願、つまり第十八願の前の部分を文法どおり口語に訳してみますと、

たとえ私が仏になることができるとしても、全宇宙の衆生が、心から私を信じて喜び、私が造った極楽浄土に生まれようと欲して、一度でも十度でも念仏すれば、

となるのですが、問題は「心から私を信じて」（原文「至心信楽《ししんしんぎょう》」）という一句にあります。法然は文法どおりに読んで、ここに訳したように、「心から私を信じて喜び」と解釈していたのです。ところが、親鸞はこの「至心信楽」という一句に出会った時に、直訳すれば「まごころ」となるこの「至心」が、人間にあるのだろうか？　と深刻な反省をしたのです。人間にはもともと「まごころ」なんてありはしない。人間にあるのは濁《じょく》悪邪見心《あくじゃけんしん》（悪に濁《にご》り邪《よこしま》な見解に満ちた心）だけである。そしてそういう人間の真相を、阿弥陀さまはとっくにお見通しになっているではないか。すると、「まごころから私を信じて喜び」というような、人間にできもしないことをお命じになるはずがないではないか。このように親鸞は、自分をもふくめて、人間一般の実存を深く顧《かえり》みたのです。そして、「まごころ」なき人間にたいして、阿弥陀さまが「こころから信じよ」とおっし

ゃるはずがない以上は、この第十八願にある「至心」は、「阿弥陀さまのまごころ」であると、親鸞は文法を度外視《どがいし》して強引に訳し変えたのです。

この「まごころ」は阿弥陀さまの「まごころ」であって、それが、われわれ人間にむかって差し向けられている「南無阿弥陀仏」という名号の中にこもっているのです。阿弥陀さまの心からなる救済の意志が名号の中にこめられていて、私たちにむかって回向《えこう》されている、つまり差し向けられているのです。われわれはそれを喜んでおし頂くのである、と親鸞は解釈したのです。つまり「至心信楽」を、「阿弥陀さまがまごころをこめて差し向けて下されている信心を喜んでいただき」と解釈したのです。このように解釈しますと、信心は、完全にわれわれ人間と無関係なものになります。私たちの外側から、言うなれば死の彼岸の、無限のかなたにおわします阿弥陀さまの方から差し出されているもの、となるのです。だからこそ、信心が清浄《しょうじょう》であり、真実であるのです。阿弥陀さまは私たちを迎えてくださる極楽浄土を建設するために、五劫もの間、ひたすら清浄真実心をささげて修行されたのです。

こういう親鸞の考え方はしかし、完全に親鸞の独創であるとも言えません。親鸞の師法然が最も深く浄土の教えを学んだ、唐の浄土教の大成者である善導という人が、すでに次のように言っています。浄土教の信心は二種類から成り立っている。ひとつは「機《き》の深信《じんしん》」、いまひとつは「法《ほう》の深信」であると。「機」というのは、信仰を受け入れるわれわれ人間を指しています。われわれ人間は、何としても救われがたい愚痴《ぐち》無知《むち》の悪人であると、深く固く信じるのが浄土教の信心であると善導は言うのです。そして「法の深信」とは、断じて救われないわれらを、阿弥陀さまは深く哀れまれて、みずからの「法＝おしえ」でもって救ってくだされると、深く固く信じることです。この二種の深信の教えを読みますと、浄土教の信心がもともと、深い人間の実存洞察《どうさつ》の上に成り立っていることが理解されます。親鸞の「至心信楽」という一句の独自の解釈も、この善導の「機の深信」を、さらに深めた自覚ではないかと私は思います。

われわれは本来、何を信じる能力もそなえてない。私はこういう自覚が親鸞にあったと思います。だから私たちは、信心さえも阿弥陀さまから頂戴《ちょうだい》しなければならないのです。その頂戴の仕方はどのようであるかといえば、弥陀の本願を「勅命《ちょくめい》」として、絶対的な命令として拝受するのだと親鸞は言います。弥陀の勅命に服従して頂戴した信心の中には、すでに説明したように、私たちの「私心」はふくまれておりません。ですから親鸞独自の本願解釈は、仏教が本来もとめている「無我《むが》」の境地をも指し示しているのです。

こういう親鸞の教えを学んだ上で『歎異抄』にもどりますと、第三条の、だれもがよく知っている、善人なをもちて往生をとぐ、いはんや悪人をや。

善人でさえも南無阿弥陀仏と称えるだけで極楽往生ができるのだ。阿弥陀さまは、悪人をこそ救ってやりたいと願っておられる。悪人にどうして往生できないことがあろう。

という、常識をくつがえしたことばに、「心の革命」ともいうべきことが起こった親鸞の、「まごころ」（阿弥陀さまから頂戴したまごころ）のあらわれを、私は感じます。

われわれは生まれてから死ぬまで、最初から最後までエゴイズムのかたまりなのです。我欲や我執《がしゅう》や自己顕示欲《じこけんじよく》のかたまりでしかないという自覚の上に、そういう人間をこそ、阿弥陀さまは救おうとして下されているという、広大な慈悲の世界が開けているのです。有限なるおのれの愚と悪を照らし出す光として、阿弥陀さまの無限の大智と大悲があるのです。この「大」には、「私たちごときの及びもつかぬ」という意味があります。そういう、不可思議・無限なる方より受けとった親鸞の信心に、私は二十代のなかばで、自分自身がまいってしまった時に、はじめて出会ったのです。

それからもう何年になりましょうか……。二十五年は経《た》っているわけですけれども、私はある意味では、親鸞に傾倒して生きてきたという気がします。その傾倒と敬意とを、私はこの親鸞全集にもあらわしたいと念願しています。

現代語訳親鸞全集　第五巻

目次

凡例

一、底本には金子大栄編『原典校註真宗聖典』（法蔵館刊）を用いた。

一、煩瑣な註は避け、できるだけ平明な文章にして、現代人に読みやすいように努めた。

一、註を要する語句には＊を付し、巻末にその註記を掲げた。註記についても、底本の註を参照した。

一、原文の割註は、〈　〉で示し、原文にない、訳者自身の註は（　）で示した。

一、難語句には、適宜ルビを付した。

一、経典等の原典名は、おおむね原文にならったが、すでに本文で明らかな場合は、略称や部分名を用いた。

一、各編の扉うらの解題については、底本によったが、旧漢字、および旧かなつかいは適宜改めた。なお、『御俗姓』の解題は、柏原祐義編『真宗聖典』（法蔵館刊）によった。

歎異抄

たんにしょう

宗祖の滅後、真宗教団に異義異端の徒があらわれてきたのを歎いた著者が、なおおのれの耳の底に残っている聖人の御言葉にもとづいて、その教えの概要を記したもの。だいたい、前後二部に分かれ、前半は聖人の法語を記し、後半はそのころ一部に行なわれていた宗義の異説を取りだして、その正しくない所以《ゆえん》を懇切に説きあかし、もって正しい信仰に入るように勧めたものである。

著者については、古くは如信上人、覚如上人などといわれていたが、内容からみて聖人の教えを直接に受けた人であることは明らかである。妙音院了祥師は唯円の著と推定し、宗祖の門弟で唯円と名のる人に、鳥喰《とりばみ》の唯円と河和田《かわだ》の唯円との二人がある中、河和田の唯円に擬した。現在では唯円説はほぼ定説になっている。

（序）

親鸞聖人がこの世におわしましたころと亡き今とを、愚かな私なりに比較すれば、聖人みずから仰せられた真実の信心が、異なって伝えられていることが歎かれる。後学《こうがく》たちの受け継ぎ方に疑惑があると思われる。幸いに正しい智者とめぐり会ってその教えに依存しなければ、どうして易行《いぎょう》の門に入れよう。自分勝手な信念でもって他力の教えを乱してはならない。それゆえに私は亡き親鸞聖人が直接話してくださり、おぼえていることを、わずかながらここに書き記すのである。ただただ同じ道を歩む人びとの、迷いをなくそうがためである。

（一）

一つ。阿弥陀仏の、私たちの思考を絶している誓願がお助けくださり、極楽浄土に往生するのであると信じて、念仏しようとする心が起こったときに、仏はすぐさま、私たちをすべて収《おさ》めとってくだされる。それはだれひとりとして、排除することなく授けてくだされる利益《りやく》である。弥陀の本願は、人の老若《ろうにゃく》や善悪を選ばないということである。

ただ、信心が根本であると知るべきである。その理由は、罪悪深く重く、*煩悩《ぼんのう》の燃えさかる*衆生《しゅじょう》を助けることが、この本願のお志であるゆえである。それゆえに本願を信じたなら、他の善行は*極楽往生のために必要ではない。念仏にまさる善行はないゆえである。おのれの悪行をおそれることもない。弥陀の本願を妨げて、私たちの往生をはばむほどの悪行はありえないゆえである。

(二)

一つ。どなたもが関東からはるばる京都まで、十数か国の境を越え、命をもかえりみず私を訪ねておいでになったのは、ひとえに極楽往生の道を問い聞こうとされたお志のゆえである。けれども私が念仏のほかに往生の道を知っているであろう、あるいは教えの文章なども知っているであろうと深い期待をいだいておられるなら、たいへんな誤解である。もしそうなら、奈良や比叡にすぐれた学者が大勢おいでになる。そちらの人びとにでもお会いになって、往生のために大切なことがらをよくよくお聞きになるべきである。

親鸞においては、ただ念仏だけで弥陀に助けていただけると、*よきひとの仰せをいただいて信じているのみである。ほかにくわしく説き明かすべきことは何もない。念仏がまことに浄土に生まれる原因であるのか、それとも地獄に堕《お》ちる*業因《ごういん》であるのか、私はいっさい知らない。たとえ法然上人にだまされていて、念仏して地獄に堕《お》ちたとしても、私はことさら後悔しないのである。その理由は、他の修行を勤めれば仏になることができたはずの者が、念仏して地獄に堕ちた場合にこそ、だまされてという後悔もありうる。私は念仏以外に、何の行もできない人間である。地獄こそふさわしい住処《すみか》である。

弥陀の本願が真実のことであれば、釈尊の説教が虚言であるはずはない。釈尊の説教が真実であれば、*善導《ぜんどう》の解釈が嘘を仰せになるはずがない。善導の解釈が真実であれば、法然の仰せが空事《そらごと》でありえようか。法然の仰せが真実であれば、親鸞が申す旨も、虚しいことではないと思われる。要するに私の信心においてはこのようである。そのうえは念仏を選んでお信じになるのも、捨てられるのも、おのおのの自由意思である。

(三)

一つ。善人さえも極楽往生するのである。どうして悪人にできないことがあろう。これが真理であるのに、世の人びとはつねに、悪人でさえも往生する、どうして善人にできないことがあろうと言うのである。この主張にいちおうの道理があるようにみえるが、*本願他力の本意に反している。その理由は、自力で善を行なう人には、ひたすら弥陀の他力を頼む心が欠けている。ゆえに弥陀の本願が救おうとしておられる相手ではない。とはいえ善人たちも自力の心をひるがえして、他力を頼みたてまつったなら、*真実報土《しんじつほうど》への往生をとげるのである。煩悩にみちる私たちが、いかなる修行を行なっても、*生死《しょうじ》を離れることはありえない。弥陀が私たちをあわれんで願を起こされたもうた本意は、悪人成仏のためである。それゆえに他力を頼みたてまつる悪人が、弥陀がこの者をこそ救おうと思し召しくだされている相手である。ゆえに、善人でさえも往生する、まして悪人は、と親鸞聖人は仰せられたのである。

(四)一つ。慈悲には*聖道《しょうどう》と浄土との区別がある。聖道の慈悲というのは、ものをあわれみ、いとおしみ、育《はぐ》くむことである。私たちはしかし、思いどおり十分に衆生を助けることなどとてもできない。浄土の慈悲とは、念仏して急いで仏になり、大慈大悲の心をもって、思いどおりに衆生の利益《りやく》をはかることを言うのである。今の人生において、どれほどいとおしいともあわれとも思おうと、思いどおりに助けることはできない。それゆえに聖道の慈悲は不十分である。ゆえに念仏申すことのみが、遅かろうとも、完全に実現できる大慈悲心であろう。

(五)一つ。親鸞は父母の追善《ついぜん》供養《くよう》のためといって、まだ一度も念仏したことがない。その理由は、生きとし生けるものすべてが、これまで無限に生きかわり死にかわりしてきた私たちの父母であり、兄弟であるゆえである。その衆生のすべてを、私たちが次の生に浄土へ往生して仏となってから助けるべきである。自分の力によってはげむ善であれば、念仏をささげて父母をもお助けしよう。ひたすら自力を捨てて、急いで浄土のさとりを開いて*神通力《じんつうりき》を得れば、父母などがいずれの世界に生を享《う》け、どのような*業苦《ごうく》に沈んでいようと、自由自在にまず縁ある人びとから救済するのである。

(六)

一つ。*専修《せんじゅ》念仏の同朋《どうぼう》のあいだで、自分の弟子、他人の弟子という争いがあるというのは、もってのほかのことである。親鸞は弟子を一人も持っておらぬ。その理由は、親鸞の意向で人に念仏を申させるのであればこそ、弟子でありうる。ひたすら弥陀のおんうながしにあずかって念仏申しておられる人を、自分の弟子というのは、きわめてすさまじい言い分である。人は縁によってついたり離れたりする。それを、師にそむいて他人について念仏すれば往生できぬなどとは、決して言うべきではない。如来よりたまわった信心を、我物顔《わがものがお》して取り返そうというのであろうか。くれぐれもあってはならぬことである。*自然《じねん》の道理にかなえば、仏の恩をも知り、また師の恩をも知るであろう。

(七)

一つ。*念仏する者は、何の障害もない一筋の道を歩きつづける。その理由を言えば、信心の行者にたいしては天地にみちる神々も敬伏し、＊魔界外道《まかいげどう》も妨害することがないゆえである。信心の行者が罪悪を行なっても、業の報いを受けることはない。また他のいかなる善も念仏におよばぬゆえに、障害なき一筋の道である。

一つ。(八) 念仏は、それをとなえる者にとっては、何らの行でも善でもない。自分の意向で行なうことではないゆえに非行《ひぎょう》と言い、自分の意向でつくる善でもないゆえに非善と言うのである。ひたすら他力であり、自力を離れているゆえに、それをとなえる者のためには行でも善でもない。

一つ。(九) 「念仏を申しましても、踊りあがるほどの歓喜の心が生じませぬ。また急いで浄土へ参りたい心が生じないのは何故《なにゆえ》でござりましょう」とお訊ねしたところ、親鸞も同じ不審をいだいていたのに、＊唯円房《ゆいえんぼう》もそうであったのじゃなと仰せられた。しかしよくよく考えてみれば、天に踊り地に躍《おど》るほど喜ぶべきことを喜ばないのであるゆえに、いよいよ極楽往生は決定《けつじょう》していると思うべきである。喜ぶはずの心を抑えて喜ばせないのは煩悩の所為《せい》である。しかしながら、仏はこのような私たちをとうにお見通しであって、それゆえに煩悩にみちる凡夫と仰せられている。それゆえに他力の悲願は、このような私たちのためであると知られて、いよいよ信頼されるのである。

また急いで浄土へ参りたいどころか少しでも病気をすれば、死ぬのではないかと心細く思われてくるのも煩悩の所為《せい》である。永遠の昔よりこれまで流転してきた苦悩の故郷《ふるさと》は捨てがたく、いまだ生まれたことのない安養*の浄土が恋しくないことは、まことによくよく煩悩が盛んなゆえである。名残り惜しく思いつつも現世の縁がつきて、力おとろえて臨終するときに彼の世界へ参るのである。弥陀は急いで参りたい心がない者を、ことにあわれんでくだされる。これが道理であるからこそ、いよいよ弥陀の大悲大願は頼もしく、往生は決定《けつじょう》していると知るべきである。踊りあがるほどの喜びもあり、急いで浄土へも参りたいのであれば、自分に煩悩がないのではないかと、かえって弥陀の教えが疑われることであろう。

(10)一つ。念仏*においては、教義がないということが教義である。言いがたく説きがたく、私たちの思考を越えているからである、と親鸞聖人は仰せになった。
そもそも聖人がこの世におわしましたころ、同じ志をいだいて関東よりはるばる京都へ上り、同じ信心をいただいて報土往生を願う身にさせていただいた同行衆は、私と同時に聖人より教えを承わったのである。しかしその人びとにしたがって念仏する無数の老若のなかには、親鸞聖人が仰せられなかった誤った教義を、最近は数多く主張する者がいると伝え聞く。それらの誤りを一つ一つ述べる。

(二)

一つ。文字一つ知らぬ者が念仏するのを見て、おまえは誓願の不思議を信じて念仏するのか、それとも名号《みょうごう》の不思議を信じて念仏するのかなどと言って驚かせ、二つの不思議の詳細を明らかに説くこともなく人の心を惑わせている。

これはよくよく留意して心得ておかなければならぬことがらである。弥陀は誓願の不思議によって、南無阿弥陀仏という、心に保ちやすくとなえやすい名号を考案され、この名号をとなえた者を極楽浄土に迎えようと約束されたのである。それゆえにまず第一、弥陀の大悲の大誓願によって、不思議に助けていただいて生死《しょうじ》を離れうると信じて、私たちが念仏するのも如来のご意思であると思えば、そこには自分の意思が何ら加わっていないことになる。それゆえにこそ弥陀の本願にかなって真実報土に往生するのである。これは誓願の不思議を根本のものと信じたなら、名号の不思議もそなわっているということであって、誓願と名号の二つの不思議が一つとなり、分かちがたいことを意味するのである。

第二に、自分の意思を介入させて、善行は往生の助け、悪行は妨げと二様《ふたよう》に考えるのは、誓願の不思議を頼まず、自分の心中において往生の修行をしているのである。それは、となえている念仏をも自力の行に変えてしまっているのである。こういう人は名号の不思議をも信じていない。しかし信じていなくとも、*辺地懈慢《へんじけまん》・疑城胎宮《ぎじょうたいぐう》などの仮りの浄土へでもいったん往生し、*弥陀の果遂《かすい》の願によってついに真実報土に往生するのは、名号不思議の力である。これはすなわち誓願不思議の力のゆえであれば、両者は一つのことである。

(三)

一つ。経典やその解釈を読んだり学んだりしない者は、念仏しても極楽往生するとは定まっていないということ。

これはまことに弥陀の本意にそむく意見であるというべきである。他力の信心が真実であることの本意を明らかにしている数多《あまた》の聖教《しょうぎょう》は、本願を信じ念仏を申せば仏になる道理を明らかにしているのである。そのほかにどんな学問が、往生のために必要であるというのであろう。この道理を疑う人びとがいるとすれば、その人たちがよくよく学問して弥陀の本願の本意を知るべきである。たとえ経典や解釈を読み学ぶといっても、聖教の本意がわからぬ者は、最もあわれな者である。文字一つ読めず、経典や解釈のたどり方も知らない人びとに、となえやすいように考案された名号であるゆえに、易行《いぎょう》というのである。学問を旨とするのは聖道門《しょうどうもん》である。これは難行と名づけられる。学問の仕方を誤って、名誉と利益のために学問する人びとは、はたして極楽往生できるであろうかと、親鸞聖人がお書きになった文章もあるではないか。

聖人がおわしましたころに、専修《せんじゅ》念仏の人と聖道門の人とが法論を行ない、自分の教えこそすぐれている、相手の教えは劣っていると言ったゆえに、法敵があらわれたり、念仏の教えを誹謗《ひぼう》する人びとも出てきたのである。これはしかし、自分の信じる仏法を自分で破り謗《そし》ることではないのか。たとえ諸宗の人がこぞって、念仏はつまらぬ人のためのものである、念仏宗は浅薄で卑しいと言っても、いっこうに論争せず、「私どものように無能の凡夫、文字を一字も読めぬ者が信じれば助かると承わったから信じているのである。それゆえに有能な人のためには卑しくとも、私どものためには最上の教えである。たとえ他の教法が優っているとしても、自分のためには能力の及ばぬ教えであり、実行できない。あなたも私も生死《しょうじ》を離れることこそが諸仏のご本意であるからには、念仏を妨げないでほしい」と、憎むことなく接すれば、だれが仇をすることがあろう。かつまた、「論争すればもろもろの煩悩が起こる、智者は避けるべきである」という証拠*の文章もあるではないか。

亡き親鸞聖人の仰せによれば、念仏の教えを信じる人びともあれば謗る人びともあろうと、仏がすでに説いておられる。それゆえに自分がすでに信じたてまつり、また謗《そし》る人があることによって、み仏の教えが真実であるとわかるのである。それゆえに極楽往生はいよいよ決定《けつじょう》しているとお思いになるべきである。念仏を誤解して謗る人がなければ、何故《なにゆえ》に信じる者がいて謗る人がおらぬのかと、かえって疑わしく思うことであろう。ただし、こう言ったからとて、必ずしも人に謗られよと言うのではない。み仏がかねてより、信じる者と謗る者とがともにあることを知っておられて、人びとの疑いをなくするがために、説き遺《のこ》しておられるということを、私は指摘するだけである。今の世の念仏者は学問して人の謗りをやめさせ、ひたすら議論や問答に専念しようと身がまえているのであろうか。しかし学問をすれば、ますます如来のご本意がわかり、悲願の広大さの理由もわかるはずである。そこから、自分は卑しい身であるゆえ、極楽往生がとげられるであろうかと不安がっている人びとにたいしても、弥陀の本願は人の善悪や浄穢《じょうえ》をえらばない旨を、説き聞かせてあげてこそ学者になった甲斐があるというものである。

本願にふさわしく素直に念仏する人びとにむかって、学問しなければ極楽往生できぬなどと言っておどすのは、み仏の教えを妨げる魔の行為である。仏の怨敵である。自身に他力の信心が欠けているばかりか、誤って他人をも迷わせようとしているのである。亡き聖人の教えにそむいていることを、つつしんでおそれるべきである。弥陀の本願にそむいていることをあわれむべきである。

(一三)

一つ。弥陀の本願は不思議にすべての衆生をお助けくだされる。そう言って悪行をおそれない者は、本願誇《ぼこ》りといって極楽往生できないということ。

この主張は本願を疑っているのであり、善悪の＊宿業《しゅくごう》を心得ていないのである。私たちに善い心が起こるのも宿業がもよおすゆえである。悪事が思われたり、実行されたりするのも悪業《あくごう》の意向である。亡き聖人の仰せによれば、兎や羊の毛の先につく塵ほどの罪も、宿業によらぬものはないと知るべきである。

またあるとき、

「唯円《ゆいえん》房は私の言うことを信じるか」

と仰せられたので、

「信じまする」

と答えると、

「それでは私の命にそむかぬか」

と重ねて仰せになったので、つつしんで承知したところ、

「では人を千人殺せ、そうすればきっと極楽往生するであろう」

と仰せになった。

「仰せではありまするが、私の器量では一人も殺せるとは思われませぬ」

と答えると、

「ではどうして親鸞の命にそむかぬと答えたのか」

と仰せになった。

「これでわかるであろう。何ごとも自分の意向でできることであれば、往生のために千人殺せと言われれば殺すであろう。しかし一人をも殺すことができる業縁《ごうえん》がないゆえに殺さないのである。自分の心が善いから殺さないのではない。また殺すまいと思おうとも、百人、千人を殺すこともあるのである」

と。このお言葉は、私たちが自分の心の善《よ》さを往生のための善であると思い、悪心を往生を妨げる悪であると思っていて、本願の不思議によってお助けいただくことを知っていない、ということをご指摘になったのである。

聖人がこの世におわしましたころ、邪《あやま》った見解におちいって、弥陀の願いは悪行を働く者をお助けになるのである、それゆえ故意に悪を行なって往生のための行とせよ、と主張した者がいて、さまざまの悪行が耳に聞こえてきたことがあった。聖人はそのとき関東に書簡をつかわし、薬があるからと言って毒を好むなと仰せられたのであった。これはその者の誤った執着をやめさせようがためである。悪が往生の妨げになるであろうと仰せられたのでは、断じてない。戒律を守ることが本願を信じる行為であるとすれば、私たちのようにとても守れぬ者は、どうして生死《しょうじ》を離れられよう。このようにあさましいわが身も、本願にお会いできたからこそ、本願を誇ることができるのである。だからといって、身にそなえていない悪業をどうして行なうことができよう。また、海や川に網をひき、釣をして世を渡る者も、野や山に獣を狩り、鳥をとって命をつなぐ者たちも、商いをし田畠を作って過ごす人びともまったく同様、すべての前世の因果にしたがっているのである。ふさわしい業縁《ごうえん》があれば、人はどのような振舞いをもするのであると聖人は仰せになった。それを今日では仏法者ぶって、善人だけが念仏となえるものであるかのように言いはっている。また念仏道場に掟《おきて》を貼りだして、何々のことをした者は道場に入ってはならぬなどと主張するのは、顔に賢者・善人・精励者のよそおいを示すばかりで、内には虚偽をいだいているのではないのか。本願を誇って罪をつくったとしても、宿業のもよおしである。それゆえに、業の報いのままに善行も悪行もあきらめて行ない、ひたすら本願をお頼みして、往生を願うことこそ他力の信心であろう。*『唯信鈔《ゆいしんしょう》』にも、弥陀のお力をどの程度のものと思っているのであろう、自分は罪業《ざいごう》の身であるから救われがたいと思う者は、と書かれてある。それほどにも本願を誇る心があるゆえにこそ、他力を頼む信心も決定《けつじょう》するのである。

およそ罪業《ざいごう》や煩悩を消しつくした後に本願を信じるのであれば、本願を誇る思いがなくともよかろう。しかし、煩悩を断ちつくせばすなわち仏になるのである。仏のためには、如来が五劫《ごこう》の思惟のはてに立てられた願は無意味であろう。本願誇《ぼこ》りと非難される人びとも、煩悩や不浄にみちておられる様子である。それゆえにこそ弥陀の願いを誇っておられるのであろう。どのような悪を本願誇りというのであろうか。どのような悪をそうではないというのであろうか。本願誇りを非難する人びとの信心は、当の相手よりもかえって未熟ではないか。

(一四)

一つ。一声でも念仏をとなえれば、八十億劫《おくこう》の罰に価する重罪も消すと信じよということ。

この主張は、十悪・五逆の罪人であって平生は念仏しなかった者が、臨終のときにはじめて正しい智者の教えをうけ、念仏一声すれば八十億劫の罪を消し、十声すれば八十億劫の十倍の罪を消して往生するという意味である。これは十悪や五逆の罪の軽重を知らせようとして、一声や十声と言ったと思われる。念仏すれば罪が消えるという利益《りやく》を教えているのであるが、私たちの信心にはまだ及ばない。その理由は、私たちは弥陀の光明に照らされているゆえに、念仏しようと思い立ったときに金剛のように固い弥陀の信心を頂戴するのである。そのときすでに*定聚《じょうじゅ》の位に摂《おさ》めていただくのであって、私たちは死後に、もろもろの煩悩や悪障を転化して*無生忍《むしょうにん》をさとらせていただくのである。弥陀のこの悲願がなければ、私たちのようにあさましい罪人が、どうして生死《しょうじ》を*解脱《げだつ》できるであろうと思うべきである。また、一生のあいだとなえる念仏は、みなことごとく如来大悲の恩を報じ、徳を謝しているのであると思うべきである。念仏となえるごとに罪を滅ぼそうと信じるのはすでに、自力で罪を消して極楽往生しようと励むことになるではないか。もしそうであれば、私たちが一生のあいだに思う、ありとあらゆる思いは、すべて生死の輪廻《りんね》に縛りつけられ、往生の妨げとなっているものである。それゆえに命のつきるときまで、念仏となえつづけて往生しなければなるまい。

　とはいえ私たちは*業報《ごうほう》に縛られている。それゆえに、どのような思いがけぬことにも会い、また病悩苦痛に責められたりして、平静に死を迎えることができなくなれば、そのときに念仏となえることはむつかしい。そのあいだに犯した罪はどうして滅ぼすというのであろう。私たちは罪が消えなければ往生できないのであろうか。そうではない。一切《いっさい》の衆生を受け入れてお捨てにならぬ弥陀の願いをお頼みすれば、どのように思いがけぬことが生じて罪業《ざいごう》を犯し、念仏となえずに命が終わっても、すみやかに往生をとげることができるのである。また臨終のさいに念仏となえるとしても、その直後にさとりを開くことができる時期がせまっているのであるから、その念仏もいよいよ弥陀を頼み、ご恩に報いる行為であろう。罪を滅ぼそうと思うのは自力の心である。臨終時に心をととのえようと祈る人の意向であるゆえに、他力の信心ではない。

（一五）
一つ。煩悩にみちる身であって、生きながらさとりを開くということ。

この主張はもってのほかの誤りである。このような*即身成仏《そくしんじょうぶつ》説は*真言秘教《しんごんひきょう》の根本の意向であって、*三密行業《さんみつぎょうごう》を行なってはじめて体現できるものである。私たちの心身が清《しょう》浄《じょう》であるというのはまた*法華一乗《ほっけいちじょう》の教えの説くところであって、その*四安楽行《しあんらくぎょう》の成果である。これらはすべて難行に耐えうる能力ある人の修行であり、観念をこらすことによって成就するさとりである。それと反対に、来世に極楽往生してさとりを開くのが、私たちの他力浄土の宗旨である。難行によるのではなく、信心が決定《けつじょう》して得られる仏道であるゆえに、死後にさとりを開くのである。これはまた易行《いぎょう》しか行なうことができない無能力者の修行であり、人の善悪を問わぬ教えである。およそこの生においては、煩悩や悪障を消すことがきわめて難事であるゆえに、真言や法華を修行する聖僧たちも、なお次の生におけるさとりを祈るのである。ましてや私たちに、後生《ごしょう》を願うほかに何ができよう。私たちは戒律を守れず、経典を理解する力もない。しかし弥陀の願いの船に乗って生死《しょうじ》の苦海をわたり、報土の岸につけば煩悩の黒雲はすみやかに晴れ、*法性《ほっしょう》のさとりの月がたちまちあらわれて、十方を照らしつくす*無礙《むげ》の光明と一つになり、一切《いっさい》の衆生を利益《りやく》できるようになる。そうなってこそさとりと言えよう。

今生《こんじょう》の身をもってさとりを開くなどという人は、釈尊のようにさまざまに応変の身をあらわしたり、*三十二相《そう》八十随形好《ずいぎょうこう》をもそなえて、衆生に説法の利益をあたえているのであろうか。そうであってこそ、今生にさとりを開いた証拠と言えるのである。聖人の和讃に、「金剛堅固の信心の、さだまるときをまちえてぞ、弥陀の*心光摂護《しんこうしょうご》して、ながく生死をへだてける」(『高僧和讃』善導和讃)とある。このように、信心が定まったときに、弥陀がひとたび収《おさ》めとり、二度とお捨てになることがないゆえに、もはや*六道に輪廻《りんね》しないのである。それゆえに永遠に生死を隔離するのである。このように知ることを、どうしてさとることと混同してしまうのであろう。あわれなことである。浄土真宗においては、今生において弥陀の本願を信じ、彼《か》の土地においてさとりを開くと教わっていると、亡き聖人は仰せられたのである。

(一六)一つ。正しい信心をそなえて念仏をとなえる者が、ときに立腹したり、悪事を働いたり、同朋《どうぼう》同信と口論したりすれば、かならず*廻心《えしん》せよということ。

この主張は、悪を断ち善を修めようとする意思によるのであろうか。*一向専修《いっこうせんじゅ》の者においては、廻心ということは、ただ一度あるだけである。これまで本願他力真宗を知らなかった人が、弥陀の智慧を頂戴して、日常の心においては極楽往生できないと思い、もとの心を変えて、本願をお頼みすることをこそ廻心というのである。すべてのことに朝な夕な廻心して往生をとげるというのであれば、人の命は吐く息吸う息のかわりめも待たずに終わるものである。それゆえに廻心できず、*柔和忍辱《にゅうわにんにく》の思いに住むこともなく命がつきてしまえば、すべての衆生を収《おさ》めとろうとされる弥陀の誓願が、虚しいことになるではないか。日常の悪事を廻心しつづけよと主張する者は、口では弥陀の願力をお頼みすると言い、心では悪人をこそ助けようとされる不思議の願であられると言っていながら、やはり善人をこそ助けられるのであろうと思っているのである。願力を疑い、他力をお頼みする心が欠けている。それゆえに辺地《へんじ》に生を享《う》けてしまうことは、最も歎かわしいことである。

信心が決定《けつじょう》すれば、極楽往生は弥陀のご意向である。自分の意向であるはずはない。自分が悪人であろうともいよいよ願力を仰ぐならば、自然《じねん》の道理によって柔和忍辱の心も出てくるであろう。往生のためには何ごとにたいしても賢《かしこ》ぶった思いを寄せず、弥陀のご恩の深く重いことをただほれぼれと、つねに思いだすべきである。そうすれば念仏もとなえられよう。これが自然《じねん》ということである。自分が裁量しないことを自然というのである。これがすなわち他力である。にもかかわらず自然ということが別にあるように、もの知り顔に言う者がいると聞く。あさましいことである。

(一七)
一つ。辺地《へんじ》の往生をとげる者は、ついには地獄に堕《お》ちるであろうということ。

この主張は、何を典拠としているのであろう。学者めかした人びとが言いだされたということこそ、浅はかなことと思われる。経論《きょうろん》や聖教《しょうぎょう》をどうお読みになったのであろう。まことの信心が欠けている念仏者は、本願を疑うゆえに辺地に生じるのである。そこで疑ったことの罪を償ってのち、報土のさとりを開くのであると教えられている。まことの信心ある念仏者は少ない。それゆえに弥陀は辺地の化土《けど》に、まことの信心なき多くの者を入れてくだされるのである。その慈悲さえも徒労に終わると主張するのは、如来に虚妄の罪を着せることになるであろう。

(一八)
一つ。仏事の謝礼にさしだす物の多寡《たか》によって、大きな仏になったり小さな仏になったりするということ。

これは言語道断《ごんごどうだん》な主張である。言語道断で、そしてこっけいである。まず第一に、仏に大小の分量を定めるということがありえない。あの安養浄土の教主のお体の大きさが説いてあるとしても、それは方便の姿をとった法身《ほっしん》のことである。法性《ほっしょう》のさとりを開けば、長い短い四角い丸いなどの形もなく、青黄赤白黒などの色もなくなる。何をもって大小を定めるというのであろう。念仏申せば仏の仮りの姿を見るという説がある。大声《だいせい》の念仏には大仏を見、小声《しょうせい》の念仏には小仏を見るというのであるが、右の説はこういう説にこじつけたのであろうか。あるいはまた、謝礼は布施行であるという説を誇張しているのであろうか。しかしどのような宝物《ほうもつ》を仏前に投じたり、師匠に捧げるとしても、信心が欠けておれば甲斐はない。反対に、一枚の紙、半銭の銭も仏法の謝礼にさしださなくとも、他力に心を投げ入れて信心が深ければ、それこそ弥陀の願にかなう行為であろう。右のように説く者は世俗の欲心もあるゆえに、すべてを仏法にこじつけて、同朋《どうぼう》を言いおどしているのではないか。

これらの主張はすべて、信心の相違から起こったことであろうか。亡き聖人がお話になったことであるが、法然上人がこの世におわしましたころ、弟子は大勢おいでになっ

たが、同じ信心の人は少なかった。そこで親鸞聖人はおん同朋《どうぼう》とのあいだで論争になったことがあった。その動機は、親鸞聖人が、

「わたくし善信《ぜんしん》＊の信心も、法然上人のご信心も同一である」

と仰せになったところ、勢観房や念仏房などという同朋たちが思いがけず反論されて、

「どうして法然上人のご信心と善信房の信心が同じであろう」

と仰せられたのである。親鸞聖人は答えて、

「法然上人の広いお智慧や才覚に自分のそれが等しいと言ったのであれば誤りであろう。しかし往生の信心においてはまったく同一である」

と仰せられた。それでもなお、さような道理はないという疑惑や論難がでたのであった。結局は法然上人の御前で、どちらが正しいかを決しようということになった。法然上人に詳細を申し上げると、上人は、

「源空（法然）の信心も如来よりたまわった信心である。善信房の信心も如来よりたまわらせたもうた信心である、それゆえにただ一つの信心である。別の信心を持つ人は、源空が参ろうとする浄土へは、よもや参られないであろう」

と仰せになった。それゆえに、今日の一向専修《いっこうせんじゅ》の人びとのなかにも、親鸞聖人のご信心と等しくない人もおいでになると思うのである。

これらすべてのこと、繰言《くりごと》にすぎないが、あえて書き記したのである。私は枯草に露がかかっているほどの老境にさしかかっている。これまでともに念仏となえてきた人びとの疑問を承わり、亡き聖人の仰せられた趣旨をつねづね申し聞かせてきたのであるが、私が死んだあと、教えはさぞ乱れるであろうと、今から歎かわしい。右のように誤った教義を説く人びとに言い迷わせられたりするときは、亡き聖人のみ心にかなってお用いになった聖教《しょうぎょう》などを、よくよくご覧になっていただきたい。およそ聖教には真実の教えと仮りの教えがまざっている。仮りの教えを捨てて真実の教えをとり、仮りをさしおいて真実を用いることが、聖人の本意であろう。けっして聖教を読みちがえてはならない。大事な証拠の文章をここに少々抜き書きし、箇条書きにしてこの書物に添えておく次第である。

聖人はつねに、弥陀が五劫《ごこう》のあいだ考えて立てられた誓願をよくよく考えてみると、ただ親鸞一人のためであると仰せられていた。それゆえに数知れぬほどの悪業をそなえた身であるものを、助けようと思いたっていただいた本願は、何とかたじけないものであろうとご述懐になっていたのである。

このことを、今あらためてかえりみると、善導の『*散善義《さんぜんぎ》』の、「この私は現実に罪悪に生き死にする凡夫である。*曠劫《こうごう》よりこの方つねに罪に沈み、悪に流転《るてん》して、出離《しゅつり》の因縁がない身であることを知れ」という金言《きんげん》にいささかも相違していない。ゆえに親鸞聖人のこの仰せは、かたじけなくもご自分の身にひきかえて、私たちが身の罪悪の深さも知らず、如来のご恩の高さも知らないで迷っていることを、思い知らせようとしてくだされたのである。まことに私たちは、如来のご恩ということを話しあわず、自分も他人も、善悪ということばかり話しあっている。

聖人はしかし、私は善悪の二事をいっこう知らないと仰せられた。その理由は、如来のみ心において善いとおぼしめしておられるほどに知りとおしてこそ、善を知っていると言えるのである。また如来が悪とおぼしめしておられるほどに知りとおしてこそ、悪を知っていると言えるのである。しかし煩悩にみちる凡夫の心や、無常なる火宅*にひとしいこの世界においては、すべてのことがそらごとたわごとであり、真実のことはない。ただ念仏だけが真実であると仰せられたのである。

まことに私も他の人も、そらごとばかり言いあっているなかに、痛ましいことが一つある。それは、念仏となえるにさいして信心の意味をもしっかりと話しあい、人にも言い聞かせようとするときに、ただ相手の口をふさぎ、論争に勝とうがために、亡き親鸞聖人が何ら仰せになっておらぬことを、仰せであると言いはることである。あさましく歎かわしいことである。このことをよくよく考えかつ理解して、心得ていただきたいのである。

これは私個人の見解ではない。私は経典や解釈を読む筋道も知らず、法文《ほうもん》の深浅を心得ているはずもない。きっと笑うべきことを書いているのであろうが、亡き親鸞聖人が仰せられた趣旨を、百分の一、かたはしだけでも思いだして書きつけるのである。悲しいことではないか、幸いに念仏しながら、直接報土に生まれないで辺地にとどまるのは。おなじ道場に集まる行者のなかに、異なる信心の持主がおらぬようにするために、私は泣く泣く筆をとってこれを記すのである。『歎異抄』と名づけようと思う。他人に見せてはならない。

後鳥羽院の御代《みよ》に、法然上人が他力本願念仏宗を興《おこ》した。ときに興福寺の僧侶がこれを敵として主上に奏上した。おん弟子の中に狼藉を働いた者があるという無実の風聞によって、罪科に処せられた人びとは以下のとおりである。

一、法然上人ならびにおん弟子七人流罪、またおん弟子四人が死罪を執行された。

法然上人は土佐の国番多《はた》という所へ流罪、罪名は藤井元彦《ふじいのもとひこ》と言い、七十六歳のおん年であった。親鸞は越後の国、罪名は藤井善信《よしざね》と言った。三十五歳の年であった。

浄聞《じょうもん》房　備後国、澄西《ちょうさい》禅光房　伯耆国、好覚《こうかく》房　伊豆国、行空法本房　佐渡国。

幸西成覚房《こうさいじょうかく》と善恵房《ぜんえ》の二人は、同じく遠流《おんる》に定められた。しかし無動寺の善題大僧正が二人を申しあずかることになった。遠流《おんる》の人は以上八人である。

死罪を執行された人びとは、

一番　西意《さいい》善綽房

二番　性願房《しょうがん》

三番　住蓮房

四番　安楽房

二位法印尊長の沙汰である。

親鸞は僧の姿をあらためて俗名を賜わった。よって僧でもなく、俗でもなくなった。それゆえに禿《とく》の字をもって姓とし、宮中にも聞きとどけられた。このおん申状は今も外記《げき》庁に納められている。流罪以後は、愚禿《ぐとく》親鸞と書かれるようになった。

釈蓮如（花押《かおう》）

右のこの聖教《しょうぎょう》は当流大事の聖教とする。無信心の者に、軽がるしくこれを見せてはならない。

執持鈔

しゅうじしょう

覚如上人（時に五十七歳）が、嘉暦元年（一三二六）、飛騨国願智房永承の請《こ》いによって著わした書。五ヵ条からなる。初めの四ヵ条に宗祖の法語をあげ、後の一ヵ条には覚如の自督を述べる。

㈠一つ。本願寺聖人はこのように仰せられた。

私たちが臨終するときに、阿弥陀仏がお迎えにきてくだされるというのは、念仏以外の行をもはげんで往生を期待するという、諸行《しょぎょう》往生の立場の人について言われることである。この人たちは自力の行者であるゆえである。自分の死にぎわを待ったり、弥陀の来迎《らいごう》を頼むなどということは、諸行往生の人について言うべきことがらである。真実信心の念仏行者は、阿弥陀仏がすべて収《おさ》めとり、お捨てにならぬゆえに、*正定聚《しょうじょうじゅ》の位に住む。それゆえに、必ず*滅度《めつど》にいたるのである。ゆえに死にぎわを待つことはない。来迎を頼むこともないのである。

これが第十八の願のみ心である。死にぎわを待ち来迎を頼むのは、阿弥陀仏が諸行往生の者たちをも救おうと誓っておられる、第十九の願のみ心である。

㈡一つ。また、このようにも仰せられた。

「私たちは、是非も正邪も知らず、わずかな慈悲も身にそなえておらぬにもかかわらず、名声と利益《りやく》を求めて人の師になりたがる」と言われている。しかし、往生浄土のためには、信心をいただくことのみが先決である。そのほかには、何もかえりみない。極楽往生ほどの一大事にかんしては、凡夫の能力の及ぶことがらではない。ひとすじに阿弥陀仏におまかせするべきである。私たちのごとき凡夫だけではない、仏の位を約束されておられる弥勒《みろく》菩薩をはじめ、どのような菩薩にも、阿弥陀仏の智慧の不思議さは測り知られない。まして凡夫の浅智慧でもって、測り知られるものではない。ひたすら阿弥陀仏のおん誓いにおまかせするべきである。その人のことを、他力に帰依している信心を獲得した念仏者と言うのである。それゆえに、自分は浄土へ往《ゆ》けるだろうとも、また地獄へ堕《お》ちるだろうとも、自分で決定してはならない。亡き上人（黒谷の源空上人のみ言葉である）の仰せは、「源空が先に行った所へ、そなたも行くであろうと思え」ということであった。私はたしかにそう承わったのである。そのうえは、たとえ地獄であろうとも、私も亡き聖人がおわします所へ行くであろうと思うのである。

今の世に生まれて、もしも正しい教えの師（善知識《ぜんちしき》）にお会いできなかったなら、私のような凡夫は必ず地獄に堕ちるはずである。しかるに今、源空上人のおんみちびきにあずかって、私は弥陀の本願を聞き、一切《いっさい》衆生を収《おさ》めとってお捨てにならぬ道理を胸におさめたのである。離れがたい生死流転《しょうじるてん》の世界を、このたびはついに離れて、生まれがたい浄土に必ず生まれると私は期待しているのであるが、これはまったく私の力によるものではない。それゆえに、たとえ弥陀の仏智に帰依して、念仏をとなえることが地獄堕《お》ちの原因にほかならず、それを亡き上人がいつわって、往生浄土の原因であるとお教えになり、私はだまされて地獄に堕ちたとしても、いっこうに後悔しようとは思わない。その理由は、私はすぐれた師に会うこともできずに命を終えたなら、必ずや地獄、餓鬼、畜生などの悪世界へおもむくはずの身だからである。それが善知識にだまされて悪世界におもむくのであれば、私は一人ではない。師とともに堕ちるのである。だから行先が地獄であるとしても、私は亡き上人のおわします所へ行くと覚悟している。それゆえに、自分が生まれかわる世界の善悪は、自分が決定するものではないと私は言うのである。これが、自力を捨てて他力に帰依する姿である。

（三）一つ。また、このように仰せられた。

光明寺の和尚《かしょう》〈善導大師のおんこと〉が『大無量寿経』の第十八の念仏往生の願の意味を解釈されたなかで、「善悪凡夫得生者《ぜんあくぼんぶとくしょうしゃ》、莫不皆乗阿弥陀仏《まくふかいじょうあみだぶつ》、大願業力為増上縁《だいがんごうりきいぞうじょうえん》（善人であれ悪人であれ、凡夫が浄土に生まれるためには、すべての者が、阿弥陀仏の、大いなる誓願の力をすぐれた縁（増上縁）としている）」（『観経疏』玄義分）と仰せられている。その意味は、「善人であるからといって、自分が為す善行の報いによって、かの阿弥陀仏の報土へ生まれることはできない」ということである。悪人もまた、言うまでもない。自分が為した悪業《あくごう》の報いは、＊三悪道をはじめとする無限の生々流転《るてん》をくりかえすばかりである。どうして報土に生まれる原因となりえよう。

それゆえに善業《ぜんごう》も役には立たず、悪業もまた報土往生の妨げとはならないのである。善人が往生することも、阿弥陀仏が特別にお立てになった第十八の誓願、ないしはそこに籠められている、世を超えた大慈大悲がなければ不可能である。また悪人にとっては、阿弥陀仏がお住まいの報土に生まれることなど、思いもよらぬことがらである。しかしみ仏は、ご自分の智慧の不思議な奇特をあらわそうと志されて、五劫《ごこう》ものあいだ思惟し、修行をつづけられた。悪業をしかつくれぬあさましい者たちは、永劫無限に生々流転し、生死《しょうじ》を離れる機会がないため、とりわけこのような悪人をこそ、報土へ受け入れようと思し召されたのである。阿弥陀仏はそれゆえに、悪人であろうと卑下するな、喜んで念仏に帰依せよとすすめておられる。

それゆえに、わが身の卑小さなどは忘れて、仏智を仰ぎみて、それに帰依するべきである。そのような誠意がなければ、わが身が兼ねそなえている悪業が、どうして浄土に生まれる原因となりえよう。その身のままでは、たちどころに*十悪・五逆・*四重・謗法《ほうぼう》の悪原因に引かれて、*三途《さんず》・八難の悪世界に沈むのみである。自分の行為が何の役にたつというのであろう。善行も極楽に生まれる原因とはならないので、往生のためには、善を行なう必要はないのである。悪行もまた同様である。善悪とは、地上の者に生まれついていることがらにすぎない。私たちが往生浄土を望むのであれば、他力に帰依するよりほかにすべがない。善導大師はこの道理によって、善悪の凡夫が浄土に生まれるのは、弥陀の大願のお力であるぞと解釈したもうたのである。これを増上縁《ぞうじょうえん》としない者はないというのは、この弥陀のおん誓い以上にすぐれたものはないという意味である。

（四）一つ。またこのように仰せられた。

阿弥陀仏の光明とみ名（名号《みょうごう》）が、往生浄土の因縁になるということがある。弥陀が立てられた四十八の誓願のなかの第十二の願は、「私が放つ光に限りはなく、*全宇宙を照らすであろう」とお誓いになっておられる。この光は、念仏する衆生を浄土へ受け入れるためのものである。この誓願はすでに成就していて、弥陀は何ものも妨げない光でもってあまねく宇宙を照らしたまい、衆生の煩悩や悪業《あくごう》をも永遠《とこしえ》に照らしておられる。それゆえにこの光の縁に会う衆生にあっては、それまで自分が沈んでいた*無明《むみょう》の闇がようやく薄らいでゆくのである。そして、私たちが前世においてなした善行（宿善《しゅくぜん》）の種が萌え出るときに、第十八の念仏往生の願の中の、まさしく報土往生の原因となっているみ名を聞くのである。それゆえに私たちが弥陀の名号《みょうごう》を固く心に保持する（執持《しゅうじ》）のは、けっして自力の行ないではない。ひとえに、弥陀の光明にうながされてする行ないである。この道理によるゆえに、光明の縁にきざされて、名号という往生浄土の原因を得るというのである。

それゆえに宗師〈善導大師のおんことである〉は、「以光明名号《いこうみょうみょうごう》、摂化十方《せっけじっぽう》、但使信心求念《たんししんじんぐねん》（光明と名号とをもって、全宇宙の衆生を教化し、極楽浄土に招かんがために、ひたすら信心をあたえて念仏させようとしてくださっている）」（『往生礼讃』）と仰せられたのである。この「但使信心求念」というのは、弥陀は光明と名号とを父母のようにして、子を育てはぐくもうとされたのであるが、しかし子供となって生まれ育つ種がなければ、父母と名づけうるものもないということである。子供があるときに、そのために、父や母という名がある。そのように光明を母にたとえ、名号を父にたとえるのであって、「光明の母、名号の父」ということも、まさしく報土往生の原因であるところの、信心という種がなければありえない。それゆえに私たちが信心を起こして往生を求め願うときに、弥陀の名号もとなえられ、光明も受け入れてくだされるのである。それゆえに名号にたいして信心を起こす行者がなければ、阿弥陀仏の摂取不捨のおん誓いが成就するはずがない。また反対に、阿弥陀仏の摂取不捨のおん誓いがなければ、念仏者たちの往生浄土の願いは何によって成就するというのであろう？ それゆえに本願は名号《みょうごう》であり、名号は本願であるとも、本願がなければ念仏者はなく、念仏者がなければ本願がないとも言われるのである。

本願寺の聖人のご解釈『教行信証』には次のようにのたまわれている。「名号という慈父がおいでにならなければ、浄土に生まれうる原因はないであろう。光明の慈母がおいでにならなければ、信心をもよおすこともないであろう。光明・名号の父母は、子供である私たちが浄土へ往《ゆ》くための*外縁《げえん》である。そして、私たち自身に芽生える真実の信心が、*内因である。この内外の因縁が和合して、私たちは真実報土に生まれる身となる」（行巻）と書かれてある。これをたとえて言えば、日輪が*須弥山《しゅみせん》の中腹をめぐっていて他州を照らすとき、私たちが住む世界は真っ暗である。日輪が他州よりこの南方世界に近づくときに、夜がすでに明けるようなものである。それゆえに日輪が出ることによって夜が明けるのである。ところが世間の人びとは、つねに、夜が明けて日輪が出るものと考えている。今の教えはそうではない。阿弥陀仏という日輪の輝きにふれたときに、私たちが長らく沈んでいた無明の闇がすでに晴れて、安養の浄土へおもむく原因である名号の宝珠を得るのである、と知るべきである。

一つ。(五)私(覚如)はこのように考える。

自分の機根(器量)が劣っているからといって、卑下する必要はない。み仏に、下根の者をお救いくださる大悲があるからである。自分が仏事にはげんでいないからといって、往生浄土を疑う必要はない。『大無量寿経』に、「ひとたび心に思えば*(乃至一念《ないしいちねん》)」という確約の文言《もんごん》があるからである。み仏の言葉に嘘いつわりはない。弥陀の本願にどうしてあやまりがあろうか。名号をいただくことを正定業《しょうじょうごう》*と名づけるのは、み仏の不思議な力を保持すれば、それが往生浄土のための正しい行となっているからである。もし阿弥陀仏のみ名と願力とに帰依して念仏しても、往生がなお定まっていないのであれば、正定業と名づけることはできない。

私はすでに本願の名号《みょうごう》を保持して念仏している。往生の行為がすでに成しとげられ、かつその意味をわきまえていることを喜ぶべきである。それゆえに命終わるときに、いま一度念仏をとなえずとも、往生をとげるのはもちろんのことである。一切《いっさい》衆生の姿をみれば、前世において為した行為の報いはまちまちである。また死にざまも無数である。病いにおかされて死ぬ者もいる。剣《つるぎ》にあたって死ぬ者もいる。水におぼれて死ぬ者もいる。火に焼けて死ぬ者もいる。あるいは眠ったまま死ぬ者もあれば、酒にくるって死ぬ者もいるのである。これはすべて前世の報いである。逃れることのできないものである。

このような死にぎわに辿りついたさいに、つかのまの妄心が起こるのが普通である。凡夫たるものがどうして死にぎわに、正しい信心を抱いて名号《みょうごう》をとなえようとしたり、往生浄土の願心を抱いたりするだろう。死にぎわに念仏しなかったばかりに、平生から期待していた弥陀のお約束がもし裏切られるのであれば、往生の望みは虚《むな》しくなる。それゆえにこそ、平生の信心によって、往生できるかどうかが定められているのである。平生のときに、往生が確実であるという思いが定まっていなければ往生できるはずがない。平生のときに、善知識の言葉にしたがって、阿弥陀仏に帰依しようとひとたび心に思えば、その時をもって、この世界に住む自分の命が終わったと思うべきである。

そもそも南無というのは帰命（仏の仰せにしたがうこと）ということである。私たちが阿弥陀仏の仰せを信じてしたがうのは、極楽往生のためであるゆえに、南無とはまた、往生の願いを発することである。この心にはまた、阿弥陀仏のあらゆる修行、あらゆる善行をもって、私たちが浄土に生まれる原因としておられるゆえに、*廻向《えこう》という意味もある。弥陀におまかせするこの心が、まかせられたみ仏の智慧に一致するときに、このみ仏が法蔵菩薩でおわしましたときに修められたすべての修行と、その果報として得られたすべての徳とが、ことごとく名号のなかにふくまれて、一切《いっさい》衆生が浄土に生まれる行為の本体となる。それゆえに（善導大師は）「阿弥陀仏《あみだぶつ》即是《そくぜ》其行《ごぎょう》（阿弥陀仏というみ名そのものが行である)」と解釈したもうたのである。いっぽう私たちが殺生の罪をつくれば、すでにして地獄堕《お》ちの原因をつくったのであり、あらためて死にぎわにつくらなくとも、平生時の行為によって必ず地獄に堕ちる。念仏も同様である。本願を信じて名号《みょうごう》をとなえれば、そのとき即座に往生は必ず定まると知るべきである。

原本には、「嘉暦元年丙寅《ひのえとら》九月五日に、老いの目をこらし、ちびた筆を染めてこれをしたためた。これはひとえに衆生を利益《りやく》しようがためである。釈宗昭五十七」とある。

またある本には、「私は先年このように筆を染めて、飛驒の願智坊に与えた。今年暦応三年庚辰《かのえたつ》十月十五日、願智坊はこの書をたずさえて上洛し、なか一日逗留し、十七日に下国した。そこで、灯下に老いの筆を走らせ、これを書き写しておいた。衆生利益のためである。宗昭七十一」とある。

口伝鈔

くでんしょう

覚如上人（時に六十二歳）が、元弘元年（一三三一）十一月、宗祖聖人の報恩講に際して、かつて如信上人から口づたえに承《うけたまわ》っていた宗祖の言行二十一ヵ条を、弟子乗専に口授して筆記させたもの。如来から賜《たま》わる他力の信の一念に浄土へ生まれるための業因《ごういん》が定まると説く浄土真宗の根本を明らかにし、その教法は元祖法然上人の真精神を正しく伝えたものであって、源空―親鸞―如信―覚如という系譜こそが浄土の嫡流であることをあらわそうとするのである。

本願寺親鸞聖人が*如信《にょしん》上人に向かわれて、折にふれて物語られたことがら。

(一)

一つ。あるとき、このように仰せられた。

黒谷の法然上人〈源空〉の浄土真宗のご布教が盛大であったころには、帝《みかど》をはじめとして、偏見をいだく輩《やから》が国中に満ちていた。それゆえに法然上人が立てられた浄土の教義を打破しようがために、禁中〈時代はつまびらかではないが、土御門《つちみかど》帝の御代《みよ》ではなかったろうか〉で七日間にわたるご*逆修《ぎゃくしゅう》が行なわれようとしたさい、事のついでに、安居院《あぐい》の法印*聖《せい》覚《かく》を*唱導師として、「聖道《しょうどう》の諸宗のほかに、特別に浄土宗があるはずはない」旨を明らかにして論破せよという勅請《ちょくしょう》があった。

聖覚法印はしかし、勅命に応じながらも、師法然上人の信仰を守りぬこうと覚悟しておられたので、論難しようとはされなかった。ばかりか、「聖道門のほかに浄土の一宗が興ったので、どのような*愚癡《ぐち》無智の凡夫も、すぐさま極楽往生できるという、大いなる利益《りやく》が得られたのである」

と、ついでのおりに、強く主張されたのであった。

ところで、朝廷でこういう評定《ひょうじょう》があったことを上人〈源空〉は耳にされ、「もしもご逆修のさいに論破されたのであれば、どうして浄土の宗義が立てられよう」とお考えになった。そこで安居院《あぐい》の坊へ使いを出そうと思い立たれた。

「誰が適当であろうか」

と内々に選ぼうとしたときに、

「善信の御房《おんぼう》が適当であろう」

と上人自身がご指名になった。同朋《どうぼう》たちも、

「最もふさわしい人物でしょう」

と声をそろえて言った。

そのとき聖人〈善信〉は再三固く辞退されたのであった。しかし師の命《めい》は逃がれがたく、聖人〈善信〉は使節として安居院の房へ向かおうとされた。聖人はそのときに、

「事はまことに重大であります。どうか介添えの人をつけてください」

と申し出られた。

「当然の申し出である」

ということで、＊西意善綽《さいいぜんしゃく》の御房が付き添うことになった。二人が安居院の坊に到着して案内を乞うと、聖覚法印はちょうど入浴しておられた。

「使いはだれか」

とお訊ねになったので、取次ぎの者が、

「善信の御房がお越しになったのです」

と答えた。法印はそのとき大いに驚き、

「この人が使いにこられたとは珍しい。尋常のことではあるまい」

とおっしゃって、急ぎ湯殿より出て対面された。

聖人はこれまでのことを、上人〈源空〉の仰せであるとしてくわしく物語られた。法印は、

「このことは師法然上人の年来のご宿願であった。私がどうして粗略にしよう。たとえ勅命であろうと、師の命《めい》を破ることはできない。私はだから、仰せを蒙《こうむ》るまでもなく、聖道・浄土の二門を混乱させなかったばかりか、浄土の宗義の正しさを主張したのである。これはしかし、王命よりも師孝を重んじたがためである。ご安心くださるようお伝えください」

と仰せられたのであった。この間の対面の模様を、くわしく語る余裕はない。

聖人〈善信〉はお帰りになると、聖覚法印が朝廷での一座の唱導師として仰せられ、ご自分の前で再度仰せられた論旨を、上人〈源空〉の御前で、ひとことも落とさずに明確に物語られたのであった。上人はそのとき、介添えにつかわされた善綽の御房にたいし、

「いまの言葉にまちがいはないか」

とお訊ねになった。善綽の御房は、

「私はむこうとこちらの二座の説法を伺いました。申し分のない説明であります」

と仰せられた。

祖師親鸞聖人はそのように、法然上人三百八十余人のご門弟のうちで、すでに高弟であり、また抜群の能力が認められていた。それゆえに選ばれて使節を勤められたばかりか、西意もまた、聖人の有能を証明したのである。おそらくは多宝仏が釈尊の説法の正しさを証明されたときも、このような姿であったのであろう。これが親鸞聖人の弟子時代の、大いに面目をほどこされた出来事であった。

親鸞聖人は唱導もたくみで、古人におとらぬものがあったが、「私は人の師たることも、戒師たることもやめます」と法然上人の御前で誓い、願を立てられた。それゆえに檀家にへつらうことも、招きに応じることもなさらなかったのである。そのころ七条の源三《げんぞう》中務丞《なかつかさのじょう》の孫である次郎入道浄信が、土木の大功を終えて、一棟の寺院を建立し、

「落成供養のために説法にお越しいただきたい」旨を、礼をつくして願い出たのであったが、聖人〈善信〉は固く辞退し、右の誓願をお話しになった。聖人〈善信〉は、衆生救済のために人の姿をとって出現された仏である。しかしながら、濁悪《じょくあく》の凡夫と同じ姿で不*浄の説法を説く罪がいかに重いかを、これによってお示しくだされたのであった。

(三)一つ。弥陀の光明《こうみょう》と名号《みょうごう》が因縁であるということ。

世の衆生のなかには、浄土教を信じる器量の者と、信じない器量の者とがいる。その理由はといえば、『大経』のなかで説かれているように、前世で為した善行（宿善《しゅくぜん》）が厚かった者は、今の世でこの教えに会って、まさしく信じ喜ぶのである。宿善がなかった者は、この教えに会ったところで、それを深く心に留めないので、会わないのと同じである。「欲知過去因《よくちかこいん》（過去における原因を知ろうと欲するならば）」と経文にあるように、今の世の自分の生きざまによって、前世における善行の有無が明らかにわかるのである。そして宿善が今の世に報われる者の証拠は、よき師にめぐり会ってさとりを開くときに、一点の疑いも生じないことである。疑いが生じないのは、弥陀の光明の縁に会うゆえである。もし光明の縁がもよおさなければ、真実報土へ往生する真の原因である名号の因を獲得できないのである。

その意味は、全宇宙をあまねく照らす無礙光《むげこう》の明朗な輝きによって、無限に迷いつづけてきた煩悩の氷が次第にとけ、涅槃《ねはん》を獲得するための真の原因である信心の芽や根がわずかに萠え出るときに、私たちは報土に往生できる定聚《じょうじゅ》の位に住むのである。それゆえにこの位を「光明遍照《こうみょうへんじょう》、十方世界《じっぽうせかい》、念仏衆生《ねんぶつしゅじょう》、摂取不捨《せっしゅふしゃ》（光明はあまねく全宇宙を照らし、念仏する衆生を収《おさ》めとって捨てない）」（『観経』）と説かれているのである。また光明寺善導和尚のご解釈には、「以光明名号《いこうみょうみょうごう》、摂化十方《せっけじっぽう》、但使信心求念《たんししんじんぐねん》（光明と名号とをもって、全宇宙の衆生を教化し、極楽浄土に招かんがために、ひたすら信心をあたえて念仏させようとしてくだされている）」（『往生礼讃』）とも仰せられている。それゆえに往生の信心が定まることは、私たちの智慧のわざではない。光明の縁にもよおし育てられて、名号を信じて知るという、報土への往生の因を獲得するのであると知るべきである。これを他力と言うのである。

(三)
一つ。*無礙の光明によって、*無明《むみょう》の闇夜が晴れること。

本願寺の親鸞聖人があるとき門弟に教示して、

「誰でも知っていることではあるが、夜が明けて日輪が出るのか、日輪が出て夜が明けるのか、そなたらはどちらと思うか」

と仰せられた。門弟たちはすべて当然のように、

「夜が明けたあとで日が出るのです」

と答えた。聖人は、

「そうではない」

と仰せられた。

「日が出て、まさに夜が明けるものである。その理由は、日輪が須弥山《しゅみせん》の中腹を運行するときに、ほかの州を照らしていた光がしだいに近づき、私たちの住む南州が明るくなれば、〝日が出て夜が明ける〟と言うのである。これはたとえである。弥陀の無礙《むげ》光の日輪が照っていてもこちらに触れないときは、私たちがその中で眠りこけていた永劫の無明《むみょう》の夜は明けないのである。しかし今、宿善の報いがあらわれて、不断光《ふだんこう》、難思光《なんしこう》とも言われる日輪が、貪《むさぼ》りや瞋《いか》りの山腹に運行してくるときに、無明の闇はようやく晴れ、信心がたちまち輝き出るのである。とはいえしかし、貪りや瞋りの雲や霧が仮りに覆いつづけるので、炎王光《えんおうこう》、清浄光《しょうじょうこう》とも呼ばれる日光があらわれないのである。それゆえに『煩悩障眼雖不能見《ぼんのうしょうげんすいふのうけん》（煩悩が眼をふさいで見ることができぬとはいえ）』（『往生要集』巻中本）とも解釈し、『已能雖破無明闇《いのうすいはむみょうあん》（すでによく無明の闇を破るといえども）』（『教行信証』行巻）などとも申すのである。弥陀の他力の日輪が到来しないあいだは、われとわが身の無明を破るということはありえない。無明を破らなければまた、私たちが生死《しょうじ》を離れる機会もありえない。他力でもって無明《むみょう》を破るがゆえに、〝日が出てのちに夜が明ける〟と言うのである」

と。これは前条の光明《こうみょう》、名号《みょうごう》の教えと意味は同じであるとはいえ、自力と他力を区別しようがために、たとえを用いて仰せられたことがらである。

㈣一つ。善悪の二つの行ないのこと。

親鸞聖人は

「私はまったく善も欲せず、悪も恐れない」

と仰せられた。

「善を欲しない理由は、弥陀の本願を信受する以上に勝《すぐ》れた善はないゆえである。悪を恐れないというのは、いかなる悪人をも摂取したもう弥陀の本願を、妨害するほどの悪はないからである。ところが世の人びとはすべて〝善行を積まなければ念仏したところで往生できない〟とも、また、〝たとえ念仏したところで、悪行が深く重ければ往生できない〟とも思っているのである。この思いは、いずれもはなはだ不当である。もし自分の意思で悪行を制止し、思いのままに善行を積んで生死《しょうじ》を離れ浄土へ往生できるというのであれば、あえて本願を信知しなくとも、何の不足もないではないか。私たちはそのいずれをも、自分の意思でできないがために、悪行を恐れながらもしでかしてしまい、善行を願いながらも積むことができない凡夫である。こういうあさましい三毒具足*の悪人として、私たちはみずから生死《しょうじ》を離れる手段をもたぬ器《うつわ》である。その器をお救いくださるための、五劫思惟《ごこうしゆい》の本願であるがゆえに、私たちはただそれを仰いで、仏智を信じるよりほかはないのである。ところが世の人びとは、悪人が念仏すれば極楽往生が決定《けつじょう》していると思い、悪人が念仏しても決定していないと疑う。そこにおいては、本願の意図は失われているのであり、自分が悪人であることを自覚していないことにもなる。阿弥陀仏は、いかなる凡夫*をも平等に浄土へみちびこうとする慈悲心をいだいて多年の修行をつづけられ、その甲斐あって格別の仏と成り、格別の報土を造りたもうたのである。そこへ五乗*のすべてが平等にみちびき入れられることは、弥陀以外のみ仏たちがいまだ志されなかった、世に超えて不思議な誓願である。それゆえにたとえ大乗仏教を読誦《どくじゅ》しつづけ、深く理解できる善人であろうとも、自分のもちまえの善行のみをもってしては、浄土に生まれることはできないのである。また悪行は、もとよりすべての仏法によって禁止されているところである。それゆえに、悪人がさかんに悪を行なうことによって、浄土へおもむこうと望んではならない。それゆえに、私たちが生まれつき持ちあわせている善悪の二つながら、報土への往生のための便宜とならなければ、妨げともならないことは明らかである。それゆえに、善人であろうと悪人であろうと、みずからの上に頂戴して保持する、弥陀の仏智を手段とするよりほかに、凡夫にはどうして往生の便宜が得られようか。それゆえにこそ、〃悪も恐ろしくない〃とも言い、〃善も欲しない〃とも言うのである」

と。光明寺の善導大師もこの趣旨でもって、「言《ごん》弘《ぐ》願《がん》者《しや》如《によ》大《だい》経《きよう》説《せつ》、一《いっ》切《さい》善《ぜん》悪《あく》凡《ぼん》夫《ぶ》得《とく》生《しよう》者《しや》、莫《まく》不《ふ》皆《かい》乗《じよう》阿《あ》弥《み》陀《だ》仏《ぶつ》、大《だい》願《がん》業《ごう》力《りき》為《い》増《ぞう》上《じよう》縁《えん》也《や》（弘願と言うは『大経』の説の如し、一切善悪の凡夫が生まるることをうるは、皆阿弥陀仏の大願業力に乗り、それを増上縁と為さざるはなし）」（『観経疏』玄義分）とのたまわれたのである。この文意は、「弘願というのは『大経』に説かれているとおりである。一切の善悪の凡夫が浄土へ往生できるのは、すべての者が阿弥陀仏の大願の業力に乗るのであって、これを浄土へおもむくすぐれた縁とする」という意味である。それゆえに、「*宿善の厚かった者は、今の世において善を好み悪を恐れる。*宿悪の重かった者は、今の世において悪を好み善にうとい。しかしただ、善悪の二つを前世の因果であるとまかせてしまい、未来の極楽往生という大利益《りやく》をば、弥陀の他力におまかせするのである。人の善し悪しに注目して、往生の可否を定めようとは、断じてしてはならぬ」と言われるのである。

親鸞聖人はそれゆえにあるとき、

「そなたらが念仏するよりも、はるかに容易《たやす》い往生の手段がある。それを授けよう」とのたまわれたのであった。「人を千人殺害すれば容易く往生できる。みなはこの教えにしたがうがよい。どうか」

と。そのときにある者が、

「私は千人までは思いもよらず、一人といえども殺せる気持がいたしません」

と答えた。聖人はそのとき重ねて、

「そなたはつね日ごろ、私の教えにそむかなかった。それゆえに、いま教えたことがらについても、きっと疑いをいだかなかったのであろう」とのたまわれたのであった。

「しかしそなたが、〝一人といえども殺せる気持がいたしません〟と答えたのは、そなたが前世において、殺人の原因をつくらなかったゆえである。もし前世にその原因がつくられていたなら、たとえ〝殺生の罪を犯すな。犯せば極楽往生はとげられない〟といましめたとしても、そなたは前世の原因にうながされて、必ず殺生の罪をつくってしまうのである。善悪の二つは、宿因*のはからいとして現世に現われ出てくる。それゆえに、〝極楽往生のためには、善も助けとならず、悪も妨げとならない〟という教えを、今のたとえでもってよく理解するべきである」

一つ。(五) 自分の力によって修める善行は蓄積しがたく、阿弥陀仏の他力の仏智は、諸仏が守ってくださるゆえに、よく蓄積されること。

たとえ幾万の善行を仏道修行のために蓄積しようと、仏道を進む糧《かて》となるはずはない。煩悩の賊がそれを聞き知って奪い去ってしまうがゆえである。いっぽう念仏は、「それをとなえる者の善行ではない。念仏行者自身の行ではない」などとすでに解釈されているからには、私たち凡夫が自分の力で行なう善行ではない。まったく弥陀の仏智であるがゆえに、諸仏が守ってくださるという利益《りやく》があるのであり、煩悩の賊がこれを犯すことができない。それゆえに、生死《しょうじ》を出離するための糧となり、報土へ生まれるための正しい原因となるのである。よく知るべきである。


一つ。(六) 弟子や同行と争った結果、本尊や聖教《しょうぎょう》を奪い取るのは不当であること。

常陸国《ひたちのくに》新堤《にいづつみ》の信楽房《しんぎょうぼう》が親鸞聖人の御前で、教義上の問題で師の教えにしたがわないことがあった。それゆえに非難を浴び、本国へ帰ることになった。

おん弟子の*蓮位房《れんいぼう》がそのときに、

「信楽房がご門弟の儀礼を離れて下国する以上は、預け渡された本尊や聖教を取り返すべきではございますまいか」と申しあげた。「とりわけ信楽房にお渡しになった聖教の中には、外題《げだい》の下に釈親鸞《しゃくのしんらん》と書きあそばされたものが多うございます。信楽房《しんぎょう》がご門下を離れたてまつった以上は、きっと敬って用いようとしますまい」

聖人はそのとき、

「本尊や聖教《しょうぎょう》を取り返すのは、はなはだ不当なことである」と仰せられたのであった。「その理由は、親鸞は一人も弟子を持たないからである。私が何ごとを教えて、相手を弟子と言いうるのであろう。念仏者はすべて釈迦如来のおん弟子であるゆえに、私とも等しい同行である。私たちが念仏往生の信心を獲得するのは、釈迦・弥陀の二尊が手段をつくされた結果であると教えられている。それゆえに、親鸞が信心を授けたのではまったくない。今の世では同行があい争うとき、本尊や聖教を取り返し、付けてやった房号をも取り返すばかりか、信心までも取り返すということが、国中に流行《はや》っていると言われている。かえすがえすも、為すべからざることである。本尊や聖教は、衆生を利益《りやく》するための手段である。それゆえに親鸞との交わりを捨て、他の門下に入るとしても、私が独占するべきものではない。阿弥陀仏の教えはすべて、世に弘められるべきものだからである。ところが、親鸞の名がしたためてある聖教が、法師憎ければ袈裟さえ憎しのたとえのように嫌われて、たとえ山野に捨てられたとしても、そこに住む鳥や獣が、きっとその聖教によって救われたりして、すべての生きものが利益を得るのである。一《いっ》切《さい》衆生を救おうとされる弥陀の本懐も、そのとき満足されることであろう。本尊や聖《しょう》教《ぎょう》を、凡夫が執着するなみの財宝のように、取り返すべき道理があるはずはない。よくよく心得るべきである」

と仰せられたのであった。

(七)
一つ。凡夫往生のこと。

およそ凡夫が報土に迎え入れられることは、他の宗派は承認していない。しかし浄土真宗においては、善導大師のおん解釈にしたがい、阿弥陀仏がお造りになった安養の浄土を、*報身《ほうじん》のみ仏がおつくりになった誓願成就の国土と定めて、そこに迎え入れられるのはまさに凡夫である、と説いているのである。

これは自力聖道《しょうどう》の教えを奉ずる人びとの、耳を驚かす主張である。それゆえにこの自力の教えにとらわれて、多くの人の心は迷い、その法義の勢いに負けて、浄土の教えに疑いをいだいてしまうのである。その疑いがどこから生じるかといえば、たいていの人は阿弥陀仏の世を超えた悲願そのものについて、「そんなことがあるはずはない」と疑いたてまつっているのではない。また、何の仏道修行もできない自分を卑下し、自力聖道の道理をわきまえ知って、「凡夫が報土に迎え入れられるはずはない」という主張を思いうかべ、このような比較でもって今日の真宗の主張を疑うほどの人も、また稀《ま》れなのである。しかし自力聖道《しょうどう》の教えが世に弘まっているゆえに、それを何となく耳に聞きなれているゆえであろう、たいていの人はそれに妨害されて、真宗独自の他力の教えを疑うようになっているのである。

これは一つには、自分の愚かさに惑わされているのである。一つにはまた、すぐれた師に会わないのがその理由である。というのは、浄土の教えは本来、凡夫のためのものであって、聖人《せいじん》(出家)のためのものではないと言われているゆえである。それゆえに貪欲も深く、瞋《いか》りも荒あらしく、愚かな振舞いもさかんであればあるほど、自分は来世に極楽往生するのであるると、み仏の言葉に嘘はないゆえに、いよいよ固く信じるべきである。反対に、自分の心に生じる今の三種の毒が、それほどさかんではなく、善心がしきりに生じるとするなら、そういう者にこそ、自分はひょっとしたら往生できないかもしれないという思いが生じるはずである。その理由は、「本願は凡夫のためのものである」という、明白なみ仏の教えがあるゆえである。にもかかわらず、自分の心に凡夫らしさがなければ、「自分は凡夫ではなく、すぐれた人間である。だから本願によっては救われないかもしれない」と思うべきであるゆえである。

ところで、私たちの心はすべて、貪り・瞋り・愚かさの三毒を等しくそなえている。

そういう者を救うてやろうと思し召されて、発起《ほっき》してくだされた本願であるゆえに、私たちは必ずや極楽往生にふさわしい器《うつわ》であると言われるのである。そのように心得たなら、自分の心が悪かろうが、器量が卑しく劣っていようが、往生しないはずはないという道理は知られよう。み仏がこの道理を証明しておられる文章も、むろん存在している。どうして凡夫が、虚《むな》しく極楽往生からはずれることがありえよう。それゆえにすなわち、「阿弥陀仏が五劫の長きにわたって思索をつづけられ、幾兆年の長きにわたって修行されたのも、すべてはただ私親鸞一人を救おうとしてくだされたがためである」というご述懐があるのである。

私（覚如）自身は、「このみ言葉に照らして浄土のみ教えを思えば、このみ言葉は単に親鸞聖人だけが仰せられるべきものではない。この末法の世に生まれあわせた私たちが、すべて凡夫である以上は、すべてが親鸞聖人と等しく極楽往生できる」と知るべきであると思うのである。

（八）

一つ。*一切経《いっさいきょう》を校正されたこと。

西明寺《さいみょうじ》（最明寺）入道北条時頼公の父、修理亮時氏公《しゅりのすけときうじ》が政務にはげんでおられたころに、一切経を書き写されたことがあった。それを校正するために、智慧と学識をそなえた僧侶を招こうということになって、武藤左衛門入道〈実名不詳〉および屋戸《やど》やの入道〈実名不詳〉の二人の大名に命じて捜し求められたことがあった。二人は縁があって親鸞聖人を捜し出された〈常陸の国笠間の郡《こおり》稲田の郷に巡行しておられたころであろうか〉。聖人は招きに応じて一切経を校正されたのである。

その最中には、副将軍執権泰時公などとも親しく交わっておられたのであるが、あるときの酒席のさいに、かずかずの珍しいご馳走が出て、大名たちが盃を重ねたことがあった。親鸞聖人は特別、戒を保って勇猛精進《＊ゆうみようしようじん》する自力聖道《しようどう》の僧のような威儀を正しておられなかったので、世俗の入道や在家の者などと等しい振舞いをしておられた。それゆえに魚や鳥の肉などもはばかることなく召しあがっておられたのであるが、鱠《なます》が差し出されたときも、聖人はいつものようにおあがりになった。

袈裟を着たまま食べておられたのであるが、当時九歳であって開寿殿《かいじゆ》と呼ばれていた時頼公は、聖人に近づき耳に口をよせて、

「あちらに居並ぶ入道たちは、袈裟を脱いで魚を食べておられる。善信の御房はどうして、袈裟を着たまま食べておられるのじゃ。どうもおかしい」

と小声で仰せられたのであった。聖人はそのとき、

「あの入道たちは、いつも魚や鳥を食べておられるので、そのときは袈裟を脱がなけれ

ばならないことを、よく知っておられるのです。それで脱いで食べておられるのでしょう。善信は、平生はこのようなご馳走をいただいたことがありません。珍しいのでびっくりして、急いで食べようと思ったので、袈裟を脱ぐことを忘れたのです」

と仰せられた。開寿殿は、

「いまのお答えは嘘であろう。きっと深い思し召しがあるのであろう。開寿が幼いので、あなどってそんなことを言われるのじゃ」

と言って退いた。

またあるとき、聖人は以前と同様、袈裟を着たまま魚を食べておられた。それで開寿殿が先と同じ質問をなさると、聖人はまた、

「脱ぐのを忘れたのです」

と答えられたのであった。開寿殿はそのとき、

「そんなにたびたびお忘れになるはずはない。きっと私が幼く、深い教えを説いてもわかるはずがないと思って、本当のところをお話しにならないのじゃ。どうか本当のところを教えてくだされ」

と何度もさかしげに求めたので、聖人はついに逃《の》がれがたく、この幼童に、

「生まれがたい人の身に生まれあわせた者が、生きるものの命を滅ぼし、肉をむさぼる

ことは、はなはだしい悪事でござりまする。それゆえにみ仏たちも、肉食をきびしくいましめておられまする。さりながら、今の末法濁世《じょくせ》に生まれあわせた人びとは、無戒の時代でありまするゆえ、戒を守る者もなければ、破る者もおりませぬ。それゆえに私などが、髪を剃ったり墨染の衣を着たりしておりましても、心は世俗の人びととまったく同じでござりまする。それゆえ魚も頂戴しておるのでござりまするが、あわれな生きものを殺して食べるからには、こういう生きものも私たち人間と同様、成仏させたいと思うのでござりまする。ところが私は釈親鸞と名のる仏弟子でありながら、心は俗塵《ぞくじん》にまみれて、智慧もなければ徳もありませぬ。どうしてこういう命を救うことができましょう。しかるに私が着ておりまする袈裟は、過去、現在、未来の一切のみ仏が、さとりを開かれたことをあらわす礼服でござりまする。せめてこれを着たまま魚を食べれば、この袈裟の徳でもって、衆生を救おうとする願いがはたせるのではないかと思い、私は着たまま食べておるのでござりまする。目に見えぬ神仏がご覧になっておるのをはばからず、戒律を守る人びとがどうお思いになっているかもかえりみず、このような振舞いに及ぶのは、まったく情けないことでござりまする。とはいえ、私はいま申しあげたような気持でおるのでござりまする」

とお教えになったのであった。

そのとき時頼公は幼少の身であったにもかかわらず、感動が顔に出、深い喜びの情を示されたのであった。親鸞聖人は後に、

「将来、天下の棟梁となるべき人の器量は、幼いときから、すでに現われ出ているものである」

と仰せられたことであった。

(九)一つ。あるとき親鸞聖人が、黒谷の法然上人の住まいへ参上されたおりに、さる修行者が、聖人のお供をしていた下僕に案内を求めて、
「都に*八宗兼学《はっしゅうけんがく》の名僧がおいでになるという。その智慧第一の聖人のお住まいをお教えくださらぬか」

と言った。その次第を、件《くだん》の下僕が車の中の聖人に言上したところ、聖人は、

「智慧第一の聖人の住まいとお訊ねになったのは、もしや源空上人のおんことではありませぬか。そうであれば私こそ今、そのお住まいへ参上するところであります。いかがなされますするか」

と仰せられた。修行者は、

「そのことでござる。それがしは源空上人のことをお訊ねしたのでござる」

と言った。親鸞聖人は、

「ではご案内いたしまする。この車にお乗りなされ」

と仰せられた。修行者は固く辞退して、

「おそれ多うござる。お受けできませぬ」

と言った。親鸞聖人は、

「道を求めるためであれば、心をへだてるべきではありますまい。仏弟子同士が睦《むつ》みおうて何の面倒がありましょう。遠慮なくお乗りなされ」

と仰せられて、相手が再三辞退したにもかかわらず、供の者に、

「修行者が背にしておられる負籠《おいかご》をかつげ」

と命じ、車に同乗せしめられたのであった。

そうして、法然上人の住まいへ参上されたとき、親鸞聖人は御前で、

「鎮西《ちんぜい》（九州）の者と申す修行者が求道のためといって、お住まいを捜しておりました。それを途中から連れてまいりました。お召しになりましょうか」

と言上した。法然上人は、

「こちらへ招くがよい」

と仰せられた。そこで親鸞聖人が修行者を御前に案内されると、法然上人は修行者を

はたと睨《ね》めすえられた。修行者もまた上人を睨《にら》みかえしたてまつった。そうして、かなり長いあいだ、たがいに何も語りあわなかったのである。

法然上人がしばらくのちに、

「御坊はどちらの人か。また何の用があってこられたのか」

と仰せになった。修行者は、

「私は鎮西の者でござりまする。仏道を求めて都にのぼり、よって御前にうかがったのでござりまする」

と言った。上人はそのとき、

「仏道を求めるとは、どのような仏道を求めるのか」

と仰せられた。修行者は、

「念仏の道を求めまする」

と言った。上人が、

「その念仏は、唐《から》の念仏か、日本の念仏か」

とお訊ねになると、修行者はしばらく口ごもったのであった。しかし、しかと考えたうえで、

「唐の念仏を求めまする」

と答えた。上人は、

「では、そなたは善導和尚のおん弟子であろう」

と仰せられた。

修行者はそのとき、懐中より小さな硯《すずり》を取り出して、自分の実名を書いて捧げ、弟子になることを乞うた。鎮西の＊聖光房《しょうこうぼう》がこの人である。

この聖光の聖《ひじり》は鎮西にいたころに、「都には世間が智慧第一とたたえる聖人がいるという。わしは急ぎ上洛して、その聖人と問答しよう。そのときに、もしも相手の智慧がわしよりすぐれていて勝てば、わしは弟子になろう。しかし何ほどのことがあろう。しかしわしが問答に勝てば、あちらを弟子にしよう」ともくろんだのであった。しかるにこのような慢心を、法然上人はみ仏の権化《ごんけ》として、たちまち洞察されたので、いまのようにお訊ねになったと思われる。そして聖光房のほうは、「この聖人を私の弟子にすることは、梯子に上ってもむつかしい」と、高慢の幢《はたぼこ》がたちまちに砕けたので、師弟の礼をとって自分の名を差し出したのであった。

それから二、三年の後、聖光房はあるとき負籠《おいかご》を背にして法然上人の御前に参上すると、

「郷里へ帰りたくなりましたゆえ、鎮西へ下りまする。おいとまをくだされませ」

と言って、ただちに御前からさがって門を出た。法然上人はそのとき、

「あたら修行者が、*髻《もとどり》を切らないで去ってゆくとは」

と仰せられた。そのお声がはるか遠くの耳に入ったのであろうか、聖光《しょうこう》房は引き返してくると、

「私ははるか以前に出家得度いたし、髪を剃っておりまする。しかるに私が、まだ髻を切っていないと仰せられまする。皆目《かいもく》解《げ》せませぬ。耳に留まって離れませぬゆえ、旅することもできず、仰せの意味をあかしていただこうと思って帰ってまいりました」

と言った。上人はそのとき、

「法師には三つの髻がある。他人に勝《すぐ》れ、利益《りやく》を追い、名誉を求める、この三心を言うのである。そなたはこの三年間、私が説いた法門を書き記《しる》して身にそなえ、本国へ下って人を威圧しようと望んでおられる。それは勝他《しょうた》の心ではありませぬか。そして自分は勝れた学僧とたたえられたいと望んでおられる。これは名聞《みょうもん》の願いではありませぬか。また、それによって檀家を求めるのは、所詮《しょせん》は利養のためでありましょう。この三つの髻を剃って捨てなければ、法師とは言えますまい。それゆえに、私はあのように言った」

と仰せられた。

聖光房《しょうこう》はそのとき、改悔《がいけ》の情を顔に現わし、負籠の底に納めていた書きものなどを、すべて取り出し、焼き捨てて、ふたたびいとまを申し出たのであった。しかしながら、なお髻《もとどり》のような心を残していたのであろうか、聖光房はついに法然上人の教えをさしおき、じきじきの教えをうらぎる自分勝手な諸行往生の教えを主張して、自分をも他人をも誤った道にひきずりこんだのである。祖師の遺訓《ゆいくん》を忘れ、目に見えぬ神仏のみ心をおそれはばからないゆえであると思われる。悲しむべき、畏るべきことである。しかしこのように聖光房は、最初は親鸞聖人のおんみちびきによって法然上人の門下に入った人である。末学の者は、このことも知っておく必要があろう。

(10)
一つ。第十八の願についてのご解釈のこと。

善導和尚がおつくりになった『往生礼讃』には、「彼仏今現在成仏《ひぶつこんげんざいじょうぶつ》（かの阿弥陀仏は今こんにち、成仏して現におわします）」などと説かれている。このおん解釈について、一般に流布《るふ》している本には「在世」とある。しかし黒谷の法然上人・本願寺の親鸞聖人のお二人は、ともにこの「世」の字を略して引用されたのである。

私見をもってその理由を考えれば、略されたことには、たしかに根拠があると思われる。まず『大乗同性経《*だいじょうどうしょうきょう》』には「浄土中成仏《じょうどちゅうじょうぶつ》、悉是報身《しつぜほうじん》、穢土中成仏《えどちゅうじょうぶつ》、悉是化身《しつぜけしん》（浄土におわしますみ仏はすべて*報身であり、穢土にお住まいのみ仏はすべて*化身である）」（下巻意訳）と言われている。善導和尚はこの文章をよりどころとして、阿弥陀仏の報身・報土の意義を明かそうとされたのであるが、そこにこの「世」の字をおけば、意味がはなはだ浅薄になるとお考えになったと私は思うのである。というのは「浄土中成仏」の阿弥陀仏について、「在世」すなわち「いま世におわしまして」という意味でこの文章を読みとれば、「世」は穢土を意味するゆえに矛盾が生じると思われるのである。

浄土は極楽世界とも解釈されているからには、「世」という字を用いたところで、報身・報土の意味をあらわすことができるという意見もある。しかしそれもわが宗においては、教養のとぼしい一般人にたいして用いる一応の見解にすぎないのである。また他の宗派においても、多くはこの「世」の一字を、一般人にたいする場合に用いているのである。まず『*倶舎論《くしゃろん》』の諸法の本性と相状に関する説〈『論』の世間品〉には、「安立器《あんりゅうき》世間《せけん》、風輪最居下《ふうりんさいこげ》（自然界を支えて、風輪が最も下に存在する）」などと判定されている。すなわち、自然界を建てるときに、この「世」という字を用いるという主旨は明らかである。世親菩薩がそのようにお説きになったからには、深い道理があることはいうまでもない。しかるにわが真宗にいたっては、善導和尚のご意向にしたがって、報身・報土の*廃立《はいりゅう》の教えを基本としているのである。それゆえに、「観彼《かんび》世界相《せかいそう》、勝過三界道《しょうがさんがいどう》（かの浄土の世界の姿は、人間のいかなる能力によっても観《み》ることができない〉」という世親菩薩の『浄土論』のみ言葉について考えれば、人間のあらゆる能力のおよばぬ報土において、正覚を成就しておられる阿弥陀仏のことを言うときに、世間一般のことに用いるならわしである「世」の文字でもって、どうして意味を明らかにすることができよう。

法然・親鸞のお二方は、こういう道理でもってこの一字を略されたのであると思われる。それゆえに「彼仏今現在成仏」と書きつらねてこれを読んでゆくのに、「かの仏は今こんにち、成仏して現におわします」と読むのが、はるかに聞きやすいのである。意味からも、文体からも、「世」の一字は不用であると思われる。

私は両祖師の教えをこのような道理でもって推察し、八宗兼学の了然《りょうねん》上人〈ことに三論宗に造詣が深いお方である〉にいま述べた理解をお話し申しあげたところ、「浄土真宗に、そなたが今申した道理は伝わっておらぬが、そなたの理解に、私もよく同意できる」と仰せられたのであった。

(二)

一つ。念仏以外の修行は、余計のこととしておられたこと。

親鸞聖人が東国を巡回しておられたころ、風邪のために三日三夜床に伏せり、湯水すら喉を通らないことがあった。いつものように腰や膝を叩かせられることもなく、煎じ薬なども召されず、看病の人を近くに寄せられることもなかった。三日目という日に、「ああ、まあこれでよかろう」と仰せになると、回復され、常の生活にもどられたのであった。

そのとき、*恵信尼御房《えしんにのおんぼう》〈男女六人の君達のおん母のこと〉が、

「お風邪で三日間も寝ておられたのに、まあこれでよかろう、と仰せられたのはどういうことでしょう」

とお訊ねになった。聖人は、

「私はこの三年のあいだ、浄土の三部経を読むことをおこたらなかった。〃同じことなら千度読もう〃と思いたって始めたのであるが、またあらためて、〃自信教人信《じしんきょうにんしん》、難中《なんちゅう》転更難《てんきょうなん》（浄土の教えをみずから信じ、人を教えて信ぜしむるのは、難中の難事である）〃と善導和尚の『往生礼讃』にあることをも私は顧みた。そのように自分も信じ、人を教えて信ぜしむるほかに、何を為すべきことがあろうに、三部経を読み重ねようと思いたったのは、われながら心得られぬことであると顧みて、この問題をよくよく考えてみようと思って、そのあいだは*衾《ふすま》をかついで寝ていたのである。ふつうの病いではなかったので、まあこれでよかろうと言ったのである」

と仰せられたのであった。

私(覚如)はつくづくこのことを考えてみるのに、親鸞聖人が、おん弟子蓮位房が夢のお告げで聞いたように、観世音菩薩の仮りの姿としてこの世に現われいで、一*向専念の一筋の教えを弘められたことは明らかである。

(三)

一つ。親鸞聖人のご本地《ほんじ》*は観音であること。

下野国《しもつけのくに》の佐貫《さぬき》というところで、恵信尼御房《えしんにのおんぼう》は次のような夢をご覧になったことがあった。

「み堂の落成法要をしているような所でした。楽の音もおごそかに、いかめしく執り行なわれている最中でした。そこの空中に、神社の鳥居のような姿で木が横たえられておりました。それに絵像の本尊が二幅かかっておりました。一幅には本尊のお姿がなく、ただ金色《こんじき》の光明のみが描かれておりました。いま一つのほうには、本尊のお姿が正しく現われておりました。そのお姿がないほうの本尊について、ある人が別の人に、〃あれは何というみ仏ですか〃と訊ねました。相手は、〃あれこそが大勢至菩薩《せいしぼさつ》*ですよ。すなわち源空上人のことです〃と答えました。また、〃もう一つの尊形《そんぎょう》が現われているご本尊がありますが、あれは何というみ仏ですか〃と訊ねると、相手は、〃あれは大悲観世*音菩薩です。あれこそ善信の御房です〃と答えたと思ったときに、夢は覚めおえたのでした」

恵信尼御房《えしんにのおんぼう》がそのことを親鸞聖人にお話しになると、

「そのことじゃよ。大勢至菩薩は智慧をつかさどっておられる菩薩じゃ。智慧は光明《こうみよう》となって現われるゆえに、光ばかりがあってかたちはおわしまさぬのじゃよ。先師源空上人が勢至菩薩の化身《けしん》でおわしますということは、世の人びとがよく話しあっておることじゃ」

と仰せられたのであった。

恵信尼御房は、親鸞聖人のご本地のさまは、自分の主人のことであるので、はばかってお話しにならなかったのである。恵信尼御房はこの夢をご覧になってからは、心中に聖人を深く渇仰して、歳月を送っておられたのであった。聖人が京にお戻りになって、もはや亡くなられたことを伝え聞かれたとき、当時越後の国府においでになった恵信尼御房は、ご息女の覚信尼《かくしんに》御房に、

「私の父はこのような菩薩の化身であったと、知っておかれるようにと思って書き記《しる》すのです」

というおん文を書き送られたのであった。弘長三年（一二六三）の春のころである。

私（覚如）が思うのに、源空上人は勢至菩薩の化身としてあらわれ出たまい、本師《ほんじ》阿弥

陀仏の教えを日本国に弘め興《おこ》されたのである。親鸞聖人は観世音菩薩の*垂迹《すいじゃく》として、ともに同じく無碍《むげ》光如来の智慧の燈火をわが国に輝かそうがために、師弟となって、教えを直接法然上人の口から受け継がれたことは明らかである。仰ぐべきであり、尊ぶべきである。

（一三）一つ。蓮位房《れんいぼう》〈親鸞聖人のみもとに常にはべっておられたご門弟であり、真宗の学問を修めた学者である。俗姓は源三位《げんざんみ》頼政卿の孫である〉の夢想の記録。

建長八年（一二五六）〈丙辰《ひのえたつ》〉二月九日の明け方、蓮位御房は夢で聖徳太子の勅命をお受けになった。皇太子の尊い姿を現わされて、親鸞法師におむかいになり、教文を読んで親鸞聖人を敬礼されたのである。そのときの勅《みことのり》の言葉は、「敬礼大慈阿弥陀仏《きょうらいだいじあみだぶつ》、為妙教《いみょうきょう》流通来生者《るずうらいしょうしゃ》、五濁悪時悪世界中《ごじょくあくじあくせかいちゅう》、決定即得無上覚也《けつじょうそくとくむじょうかくや》（大慈阿弥陀仏を敬礼したてまつる。妙教流通のために来生せり、五濁悪時悪世界の中に決定して、即《ただ》ちに無上覚を得しめたるなり）」というものである。

この文章の意味は、「大慈阿弥陀仏を敬礼したてまつります。あなたは妙《たえ》なる教えを弘めるために、この世に生まれてこられたのです。今の*五濁悪時・悪世界の中にあって、確固たる即座の無上のさとりを得られたのであります」ということである。蓮位は皇太子をことさらにあがめ、深く礼拝したと思ったところで夢が覚め、ただちにこの文章を書き終えたのであった。

私（覚如）が思うに、この夢想の記録をひもどけば、祖師親鸞聖人があるいは観音の垂《すい》迹《じゃく》として出現され、あるいは本師《ほんじ》阿弥陀仏の来現としてご自分をお示しになったことは明らかである。弥陀と観音は、名前はことなれ同一のみ仏であって、両者に相違のあるはずはない。それゆえに、聖人が受け継がれ、お述べになった教義を直接口頭で聞き伝えている本願寺の教えは、他の宗派のものより格段にすぐれていると言いうるのである。よく知るべきである。

（一四）一つ。体が滅びて初めて往生するのか、それとも体が滅びずとも往生するのかということ。

親鸞聖人はこのように仰せられた。

先師源空上人がこの世におわしましたころに、浄土の教えについて、思いもおよばぬ論争があった。善信は、

「念仏によって極楽往生する者は、体が滅びなくとも往生をとげる」

と主張した。それに対し小坂の＊善恵房《ぜんえぼう》〈証空〉は、

「体が滅びてこそ往生をとげるのである」

と主張した。こういう論争である。

同朋の衆はどちらが正しいかを分別しようとして、大勢が大師源空上人の御前に参り、

「善信御房と善恵《ぜんえ》御房とが教義について論争しております」

と言上して、右の次第をくわしく報告したのであった。すると、大師源空上人のお答えは、善信房の「体が滅びなくとも往生する」という主張については、やがて「そうじゃよ」とご判定になったのであった。しかし、善恵房の「体が滅びてこそ往生するのである」という主張にたいしても、やがてまた、「そうじゃよ」とお答えになったのであった。

それゆえに、どちらが正しいのかわからず、一同が重ねて訊ねると、大師上人は、

「善恵房が体が滅びてこそ往生すると主張するのは、念仏以外の行も行なって往生する器《うつわ》だからである。善信房が体が滅びなくとも往生すると主張するのは、念仏によって往生する器だからである。弥陀の教えは元来同一であるが、教えを受けとる側の器量に歴然たる相違がある。自分の器量にしたがって教えを領解《りょうげ》するのは、当人が前世において為した善行の厚薄によって決まることがらである。念仏往生は、み仏の本願である。諸行往生は本願ではない。念仏によって往生するものは、自分の死にざまの善し悪しを問

題としないのである。弥陀の本願の至心信楽《ししんしんぎょう》（弥陀が真心をこめてさしだす信心を受け取って喜べ）のおすすめにしたがい、それを信じる一心が弥陀のお力によって確定するときに、即座に往生を得、もはや退くことのない境地に住むのである。この道理を正しい教えの師に会って聞き、心に保持する平生のあいだに、この信心が定まるのである。すなわち、この穢れた体が滅びなくとも往生の原因が定まるゆえに、体失《たいしつ》しなくとも往生すると言われるのであろう。これは本願のみ言葉に明らかである。これを参照するべきである。反対に、諸行往生の器は自分の死にぎわを待って、そのときに弥陀やその弟子たちのお迎えがあることを期待しなければ、*胎生《たいしょう》・*辺地《へんじ》にさえも生まれることができない。それゆえに、この穢れた体が滅び去るときでなければ往生の期待がかけられないので、このように主張するのであると思われる。これは第十九願に現われている教えである。どちらが勝《すぐ》れているかといえば、念仏往生は弥陀の根本の誓願であって、いかなる衆生をも救うことができる。諸行往生は弥陀の根本の誓願ではなく、救われるのは*定善《じょうぜん》・散善の行を行ないうる器にかぎられている。本願にしたがって念仏する者の〝不体失往生〟と、本願にあらざる行を行なって往生する者の〝体失往生〟との優劣には、はなはだしい懸隔があるではないか。念仏往生が勝れ、諸行往生が劣っていることは、経文や解釈などの言葉を顧みるまでもなく、歴然としている」

と仰せられたのであった。

(一五)一つ。真宗が立てるところの*報身《ほうじん》如来は、他の宗派で用いられている三身*を代表すること。

阿弥陀仏を報身の如来と定めるのは、私たちの宗旨でも他宗派でも、従来説き聞かされていることがらであり、新しい教えではない。それゆえに唐の天台教の*荊渓《けいけい》和尚は、「諸教所讃多在弥陀《しょきょうしょさんたざいみだ》（どの教えも多く弥陀をたたえている）」（*『止観輔行』）とも述べ、わが天台宗檀那院*覚運和尚は、「久遠実成弥陀仏《くおんじつじょうみだぶつ》、永異諸経之所説《よういしょきょうししょせつ》（久遠の昔に阿弥陀仏が成仏をとげられたことは、古来相異なるすべての経の説くところである）」（『念仏宝号』）と解釈しておられるのである。そればかりではなく、わが国の祖師たちはしばらくさしおいて、宗師〈外国の善導大師〉のご解釈には、「上従《じょうじゅう》海徳初最如来《かいとくしょさいにょらい》、乃至今時《ないしこんじ》釈迦諸仏《しゃかしょぶつ》、皆乗弘誓悲智双行《かいじょうぐぜいひちそうぎょう》（上は最初の海徳如来より、下は今の釈迦如来にいたるまで、すべてのみ仏は弘大なる誓いを立てて、智慧と慈悲の行をあわせて行なわれるのである）」（『法事讃』）などと解釈しておられるのである。

それゆえに、太古の海徳仏より仏法の本師釈尊にいたるまで、すべてさとりを開かれたみ仏たちは、阿弥陀仏の弘大なる誓いにのっとって、自分をも他人をも利益《りやく》したもうたことは明らかである。覚運和尚のご解釈に、「釈尊も久遠《くおん》の昔にさとりを開かれた阿弥陀仏である」と解き明かしておられるのであり、これを善導大師のご解釈と照らし合わせれば、最初の海徳仏以来すべてのみ仏たちも、久遠の昔にさとりを開かれた阿弥陀仏の化身《けしん》であることは、道理のうえからも経文の証拠のうえからも当然のことがらである。「一字一言を加えても減じてもならぬ。同一の経典の教えのように受け取るべきである」と善導大師は述べておられる。このご解釈はひとえに経典に準じておられるゆえに、ご解釈それ自体も、私たちの宗派が正しく依るべき経典となるべきである。

また副次の経典のなかにも、論証となる数多《あまた》の教えがある。*『楞伽経《りょうがきょう》』には、「十方《じっぽう》諸刹土《しょせつど》、衆生菩薩中《しゅじょうぼさつちゅう》、所有法報身《しょうほうほうじん》、化身及変化《けしんぎゅうへんげ》、皆従無量寿《かいじゅうむりょうじゅ》、極楽界中出《ごくらくかいちゅうしゅつ》（全宇宙のあまたの国土に、み仏の法身や報身や化身や変化となって姿を現わしている衆生や菩薩はすべて、無量寿如来が造りたもうた極楽界より生まれ出ているのである）」とのたまわれている。また*『般舟経《はんじゅきょう》』には、「三世諸仏《さんぜしょぶつ》、念弥陀三昧《ねんみださんまい》、成等正覚《じょうとうしょうがく》（過去・現在・未来にわたるすべてのみ仏は、阿弥陀仏を念ずる*三昧の境地に入って、阿弥陀仏と等しいさとりを開いたのである）」とのたまわれている。

すべてのみ仏が、自分をも他人をも救おうとされる誓願と行とは、阿弥陀仏を主《あるじ》としておられるのであって、その分身となってこの世に姿を現わし、一切《いっさい》衆生に役立とうとしておられることは明らかである。それによって、久遠《くおん》の昔に成仏をとげられた阿弥陀仏をもって、報身《ほうじん》如来の本体と定めるのである。そしてこのご本体から、必要に応じて姿を現わされたみ仏たちに共通する法身《ほっしん》・報身《ほうじん》・応身の三身はすべて、阿弥陀仏ご自身の変化の作用であるということを知るべきなのである。それゆえに報身という言葉は、久遠実成《くおんじつじょう》の阿弥陀仏に属するものである。これは永遠に存在する法身の本体でなければならぬものである。

それにたいし一般のみ仏の法・報・応の三身は、阿弥陀仏より生まれでたところの、私たちのような浅薄な者たちの救済におもむくおん働きである。とはいえしかし、よく言われているように、私たちのように自力聖道《しょうどう》の難行に耐ええない者を救うのは阿弥陀仏の本意ではなく、誰にでもできる行であるがゆえに、今の浄土教の念仏三昧をすすめて、救おうとしておられると考えるべきであろうか。今の世の、大勢至菩薩の化現《けげん》である黒谷の法然上人より代々伝えられてきた、正しい教えにおいてはそうではない。

海徳仏以来釈尊にいたるまで、すべてのみ仏の教えも、み仏たちが世にお出ましになった本意も、法蔵菩薩が久遠実成の阿弥陀仏となってお説きになった浄土教を、説き弘めることを目的としておられるのである。しかし、この教えを受け入れる者たちの器《うつわ》が熟していなかったために、あらかじめ方便の教えとして、浄土教以外の五時*の教判をもお説きになったのであると知るべきである。たとえていえばそれらは、月が出るのを待つ間の手なぐさみといった程度の教えである。

いわゆる浄土三部経がいつ釈尊によって説かれたかを言えば、『大無量寿経』は、浄土の教えが真実であることを説きあらわした経典であり、説いておられる相手は、すべてみ仏の化身《けしん》である。『観無量寿経』は、その真実の教えを聞くべき真実の相手が誰であるかを説いておられるのであり、その相手こそ、救うに救われぬ私たち凡夫なのである。この経はいわゆる*五障の女人*韋提希夫人《いだいけぶにん》をもって説法の相手とし、はるか末法の世に生まれてくるであろう女人や悪人を代表せしめたもうたのである。『阿弥陀経』はいま言った、説くべき教え、説くべき相手の真実をあらわす前二経を合わせて、「不可以《ふかい》少善根《しょうぜんこん》、福徳因縁《ふくとくいんねん》、得生彼国《とくしょうひこく》（自分のいささかの善行や福徳を因縁として極楽浄土に生まれることはできない）」と説いておられるのである。すなわち、一切《いっさい》衆生を救いたもう弥陀の名号と誓願とを、一日間や七日間の念仏称名に結びつけて、弥陀の慈悲を誠実に証明したもうみ仏たちの教えが、真実であることをあらわしているのである。それによって善導和尚も、「世尊説法時《せそんせっぽうじ》将了《しょうりょう》（この浄土教を説くことによって釈尊の説法の時はまさに終わった）」（『法事讃』）などと解釈しておられるのである。釈尊一代の、四十有余年の教えの肝要を蓆《むしろ》を巻くようにお説きになって、弥陀の名号と誓願をこそ説くべきであると結論づけられたさまは、経典によって読みとるべきである。

　この浄土三部経をもって、末法の世の、悪を行なわざるをえない凡夫たちに説き聞かせるのが釈尊の本意であり、それ以前にお説きになった聖道《しょうどう》の諸経は序文にすぎぬことは、善導和尚のさまざまなおん解釈に歴然としている。浄土三部経をもって、すべてのみ仏が世に現われ出たもうた本意であり、衆生が解脱《げだつ》を得る根本の源泉であるとしておられる道理は明らかである。五時の教判においては、『法華経』も諸仏出世の本意であるとされているのであるが、『法華経』と浄土の教えとは、同じ意味の教えであることは言うまでもない。釈尊は霊鷲山《りょうじゅせん》にあって、八カ年にわたって『法華経』を説いておられた。その間に王舎《おうしゃ》城において、阿闍世《あじゃせ》王子が五逆の罪を犯すという事件が生じたのである。そのときに釈尊は霊鷲山より王舎城に降臨したまい、他力浄土の教えを説かれたのである。これらはすべて、海徳以来釈尊にいたるまでのみ仏たちの出世の本意が、弥陀の教えを弘めることにあったことを示しているのである。

(一六)
一つ。信心を得たうえで念仏をとなえるということ。

親鸞聖人のおん弟子に、高田の覚信房〈太郎入道と号していた〉という人がいた。重病をうけて、聖人のお住まいでまさに死のうとしたときに、聖人が病室へお越しになった。危篤の姿をご覧になると、呼吸の息が荒くいまにも死のうとしているのに、覚信房は念仏をとなえつづけていた。聖人はそのとき、

「苦しいさなかに念仏をとなえておられるのは神妙である。しかし何か心配なことはないか」

とお訊《たず》ねになった。覚信房は答えて、

「往生の喜びがもう近づいておりまする。命は一瞬の先にとだえようとしておりまする。それゆえ、息のある間はつかのまでも極楽往生の大利益《りやく》をお与えくだされた弥陀のご恩にお礼を申さねばすまぬと思って、このように念仏をとなえておりまする」

と言ったのであった。親鸞聖人はそのとき、

「多年のあいだ私につねにつきしたがい、教えたことの甲斐があった」

と、感動のあまり喜びの涙をとめどなく流されたのであった。

私（覚如）は真宗の肝要も、安心の要所も、ここにあると思うのである。

自力の念仏をはげみ、臨終のときに初めて浄土の蓮の台《うてな》に坐ろうと期待する人びとは、前世の業因《ごういん》がはかりがたいため、どのような死にざまを迎えるかわかりがたい。火に焼け、水におぼれ、刀剣を受け、あるいは寝たまま死んでしまうのも、すべてが当人の、前世において行なった諸行の報いである。もしもこのような死の縁を身にそなえれば、決して逃《の》がれることはできない。もし怨敵のために殺されるとすれば、その一刹那《せつな》に凡夫が思うのは、怨みを結ぶことのほかにはあるまい。また寝たまま死んでしまう場合は、

自分の本心が息の絶えるまぎわを知らない以上、臨終時における阿弥陀仏のお迎えを期待していたことも虚《むな》しくなるのである。ましてや念仏できるはずはない。また先の殺害の運命にあった者も、怨念のほかに何も思ういとまがない以上は念仏する余裕はない。これも死後の期待は虚しいのである。

こういう死の縁に会うかもしれぬ人びとが、その死にぎわにあって、平生と異なった思いをいだけば、自分は極楽往生できないと思っているのである。たとえこういう人びとが、弥陀の本願を正しく信じていたとしても、このような誤解は是正しがたい。ましてや自力による称名念仏は、たとえ死にぎわに思いどおりとなえたとしても、辺地《へんじ》の往生を得るにすぎない。そのうえ前世の報いが逃《の》がれがたく、先のような災難に会うとすれば、思いどおりの念仏をとなえる余裕もない。すなわち懈慢《けまん》辺地の往生すらかなわないのである。

これはすべて、弥陀の本願にしたがわないがゆえの結果である。それゆえに親鸞聖人のおん解釈（*『浄土文類』）には、「憶念弥陀仏本願《おくねんみだぶつほんがん》、自然即時入必定《じねんそくじにゅうひつじょう》、唯能常称如来号《ゆいのうじょうしょうにょらいごう》、応報大悲弘誓恩《おうほうだいひぐぜいおん》（阿弥陀仏の本願を心に憶《おも》えば、自然に即座に浄土へ迎えられる位に入る。それゆえにひたすら如来のみ名をとなえて、大悲弘誓のご恩を報謝せよ）」と説かれているのである。「ただよく如来のみ名をとなえて、大悲弘誓の恩を報いたてまつるべし」ということである。つね日ごろ正しい師の教えをうけて、「信心が開け出てくれば正定聚《しょうじょうじゅ》の位に住む」と期待する者は、あらためて臨終のときに、往生の利益《りやく》を期待する必要はない。いったん正定聚の位につけば、その後にとなえる念仏は、仏恩報謝の念仏である。しかも、それも弥陀の他力にうながされてする、弥陀自身の大いなる行為であることは経文に明らかに説かれている。それゆえに、先の覚信房が最後のときに、この教えの眼目を誤りなくさとって念仏をとなえていたことを知り、聖人は感涙を流されたのである。よく知るべきである。

(一七)一つ。私たちのような凡夫が、何ごとにつけ勇猛の振舞いを示すのは、すべて虚しいいつわりであること。

仏教で言われる八苦の一つ、愛別離苦《あいべつりく》に会い、父母や妻子との死別を悲しむ者にたいして、「仏法を心に保って念仏をとなえる者が、くだらぬことを言って歎き悲しむべきではない」と言って恥ずかしめたり諫めたりするのは、大方の先輩めいた人びとがしているることであろう。これはしかし、自力聖道《しょうどう》の諸宗を修行し学ぶ人びとの考えや習わしであって、浄土真宗の信者の器量と教えとを知らないものである。

まず第一、凡夫は何ごとにつけ拙劣で愚かなものである。その本性はいつわりであるにもかかわらず、それを隠して賢人・善人ぶった振舞いを示すのは、すべて不実であり虚仮《こけ》である。たとえ未来に生まれかわるところが弥陀の報土であると思い定め、浄土での再会は疑いないと期待していたとしても、愛する者とおくれ先立つ時の悲しみは、惑える凡夫として生じないはずがない。私たちはことに、浄土の教えに帰依したことにより、これまで永劫無限に輪廻《りんね》し、契り結んできた煩悩の生涯を、この今の人生でもって終りとするのである。これまで愛執し愛着してきたこの仮りの宿り、すなわちこの火宅にひとしい人間界を、これでもって永遠に離別する故郷であると思えば、あとに残す土地も人びとも、どうして名残りおしくないことがあろう。このように思わぬ人は凡夫の仲間ではあるまい。反対に、けなげに臨終時に耐えるのであれば、かえって、「自分はまちがった自力聖道の器《うつわ》ではあるまいか、いま帰依している浄土他力にふさわしい器ではないのではあるまいか」とも疑うはずである。愚劣に歎き悲しむことが、他力往生の器にふさわしい。総じていえば、凡夫の生きざまが、死期にいたって変わるはずがない。

私たちは極楽往生という一大事を、阿弥陀仏にまかせきっている。そしてこの世での身の振舞いも、心のおもむく所も、口に出すことも、すべてが貪《むさぼ》り・瞋《いか》り・愚かさの三毒を根元としているのである。殺生をはじめとする十種の悪行も、この穢れた身のあるかぎりは断絶も克服もできない。三毒にみちる穢身を離れることはありえない。それゆえに、愚かで拙劣な*煩悩成就の姿をありのままに、飾るところなく現わしていてこそ、浄土真宗の本願にふさわしい器《うつわ》であろうと、親鸞聖人は正しく仰せられているのである。

世のつねの人には、愛執ふかい妻子や身内の人びとを、臨終のきわには近づけまい、見せまいとして、引き離す習わしがある。それというのは、死にゆく者が身内の愛着の姿にひかれて、地獄などの悪道に堕《お》ちることを防いでいるのである。これはしかし、自力聖道《しょうどう》のほうですすめられている心がまえである。他力の真宗に、このような教えがあるはずはない。その理由は、自分の死を歎き悲しむ者たちとどれほど遠ざかっていようと、他力の仏法を保持していなければ、何をもってしても生死《しょうじ》を離れることができないゆえである。反対に、たとえ妄執愛着の迷い心がどれほど深く重かろうとも、阿弥陀仏は本来、このような者たちを浄土に受け入れようと志しておられる。そのために立てられた本願であるゆえに、阿弥陀仏は最悪の大罪である五逆の悪人や仏法を謗《そし》る者など、*無間《むけん》地獄へ堕ちるべき罪を犯した者をも、罪にお問いにはならない。ましてや愛別離苦《あいべつりく》に耐えられぬ者たちの悲歎など、往生のために何の障害にもならない。

浄土往生の信心が成り立っていたところで、この臨終時が輪廻生死《りんねしょうじ》の最後であるゆえに、歎きも悲しみも最も深まってゆくのが当然であろう。それゆえに、枕もとや足もとに居並んで悲歎嗚咽《おえつ》したり、左右にむらがって恋い慕い落涙するとしても、それが障害になるはずはない。とりすました姿のほうが凡夫らしさもなくて、他力往生の器《うつわ》にふさわしくないと、弥陀はお嫌いになるはずである。それゆえに、死者をみとりたいと願う気持をはばかる必要はない。歎き悲しむ者を諫《いさ》めてはならないとも言われるのである。

(一八)
一つ。死別などの苦しみに会って歎き悲しむ者たちに、仏法という薬をすすめて、その心を教え導くべきである。

人間の*八苦のうちでは、先に述べた愛別離苦《あいべつりく》が最も切実である。それゆえにまず、この生死の世界に生きながらえることはできないという道理を述べ、次に安養の浄土では永遠の生命が得られるそのありさまを説いて、「そなたのように憂い歎くばかりであって、憂いも歎きもない浄土への再生を願わなければ、未来にもまたこのような悲歎に会うことであろう。私どものような凡夫が真実に救われるためには、憂いや歎きの声ばかりがみちるこの輪廻《りんね》の世界を離れて、さとりを開くことができる弥陀の浄土に参るよりほかはない」とおだやかに説き聞かせれば、暗黒の悲歎に悩む心もようやく晴れて、必ずや弥陀の摂取の光のなかにおさめられるのである。

次に、こういう人にたいしては、悲しみに悲しみをそえるような慰め方をしてはならぬ。もしそうすれば、それは慰めではなく、いよいよ侘《わび》しくさせるばかりである。親鸞聖人は、「酒は忘憂と呼ばれている。これをすすめて、相手が笑い出すほどに慰めて帰るべきである。それでこそ本当の弔問になるのである」と仰せられた。よく知るべきである。

(一九)
一つ。弥陀の本願は元来凡夫のためのものであって、*聖人のためのものではないこと。

本願寺の親鸞聖人が黒谷の法然上人より受けつがれた教えである、と言って、如信上人は次のように仰せられた。

「世のつねの人は、〝悪人でさえも極楽往生する。どうして善人が往生できないことがあろう〟と思うものである。この思いはしかし、遠くは阿弥陀仏の本願のご意思にそむき、近くは釈尊が世に出て説きたもうた浄土の教えに異なるものである。その理由は、阿弥陀仏が五劫の永きにわたって思惟され、*六波羅蜜行《ろくはらみつぎょう》を幾万度も修行されたそのご苦労は、すべて凡夫を浄土に導くためのものであったゆえである。聖道《しょうどう》をはげみうる人びとのためではない。それゆえに凡夫が、本願にすがって報土へ往生させていただける器《うつわ》である。もし凡夫の往生がむつかしいとすれば、本願を立てられたことが嘘となろう。弥陀の本願のお力はいたずらなものとなろう。しかしこの願と力とがあい加わって、全宇宙の衆生のために大いなる利益《りやく》が成就したのである。弥陀が願を成就されて、すでに十劫の長年月が経ている。それを誠実に証明したもう無数のみ仏たちの言葉が、どうして虚妄の説でありえよう。それゆえに善導大師のご解釈にも、〝一切《いっさい》善悪《ぜんあく》凡夫《ぼんぶ》得《とく》生《しょう》者《しゃ》（一切の善人・悪人の凡夫が浄土に生まれることができるのは）〟（『観経疏』玄義分）などと説いておられるのである。これも悪しき凡夫を根本とし、善き凡夫を傍《かたわ》らにおいたみ言葉である。傍らにおかれた善き凡夫ですら往生するのである。本来の相手である悪しき凡夫が、どうして往生しないことがあろう。それゆえに、〝善人でさえも往生する。どうして悪人が往生しないはずがあろう〟と言うべきである」

（二〇）一つ。五逆や謗法《ほうぼう》のような大罪を犯した者も浄土に生まれることができると知って、しかもささやかな罪さえつくってはならぬということ。

同じく親鸞聖人が仰せられたことであると言って、先師如信上人はこう仰せられた。

世のつねの人は、「ささやかな罪であろうと、それを恐ろしいことに思って、やめようとすれば思いのままにやめられるものである。善行は学び修めて実践しようと思えば、いくらでも積むことができるものである。それでもって仏法の大いなる利益《りやく》も得られ、この世を出離する手段とすることもできよう」と思っている。この考えはしかし、真宗の教えの肝要にそむき、代々の祖師たちが口伝えに説いてこられた教えにも違反している。

まず第一、五逆の大罪などを犯すことは、まったく諸宗が禁じるところであり、仏法の本意ではない。しかしながら、悪業《あくごう》を重ねざるをえない凡夫が、前世に犯した罪の報いとして、今の世にもこれらの重罪を犯してしまうのは、制止も克服もかなわぬことがらである。また、「ささやかな罪ですら犯してはならぬ」と言えば、凡夫が自分の意志でもって罪行を抑制できると言っているように聞こえる。しかしながら、生まれながらに罪をそなえている凡夫の行ないは、罪の大小を問わず、体と口と心でもってするすべての行ないが罪である。にもかかわらず「ささやかな罪も犯してはならぬ」と言えば、「過まってでもそれを犯せば、往生できなくなる」という結論がでてしまうではないか。これは深く考えるべき問題である。

これはあるいは＊抑止門《おくしもん》の意図をあらわしているのであろうか。抑止はしかし釈尊の方便にすぎない。真宗の帰着するところは、人の罪を問わぬ弥陀の本願にきわまっている。小罪であろうが大罪であろうが、罪ということを論議したければ、制止できてこそその甲斐があろう。罪を抑制できるはずもない愚劣な心をいだきながら、罪の論議をするとすれば、弥陀の本願に帰依する姿はどうなっているのであろう。また、謗法《ほうぼう》の罪は、仏法を信じる心がないことから起こるものである。そういう者は、もともと浄土に生まれるべき器《うつわ》ではない。しかし、悔い改めれば生まれることができるのである。「謗法闡提《ほうぼうせんだい》廻心皆往《えしんかいおう》（仏法を謗《そし》る者も、仏法を知らぬ者も心をひるがえせばすべてが往生できる）」（『法事讃』）と善導大師が説かれているのは、そのゆえである。

（三）

一つ。極楽往生のためには一度の念仏で十分であると知って、なお多くの念仏にはげむべきであるということ。

この問題については、多数の念仏（多念）も一度の念仏（一念）も、ともに本願のなかにあるみ言葉である。いわゆる「上尽一形下至一念《じょうじんいちぎょうげしいちねん》（上は生涯をとおして念仏をとなえつづける者から、下はただ一度の念仏をとなえる者にいたるまで、すべての念仏者が、浄土に迎えられる）」（『往生礼讃』）などと善導大師が解釈しておられるのが、このみ言葉である。しかしながらここに言う「下至一念」は親鸞聖人の御解釈では、本願をいただいて往生が定まる時刻を言うのである。「上尽一形」とは往生を即座に得たうえでの、仏恩に報謝するための念仏行である。この意味は経典においても、その解釈においても明らかである。しかるに一念も多念も、ともに往生の正しい原因であるように心得ちがいをするのは、はなはだしく教えに違反している。それゆえに、私が幾度も先輩の方々より承わり伝えてきたように、他力の信心をひとたび頂戴した時に、即座に往生が決定したと信じるのである。そしてそのときに命が終わらない者が、命のあるかぎり念仏をとなえつづけるべきである。この態度が「上は生涯をとおして念仏をとなえつづけ」のご解釈にかなっている。

しかるに世のつねの人は、「生涯となえつづける念仏も、教えの本意である」と思っていて、「そのようにひたむきな念仏行ができない者が、せめて一度でも念仏をとなえるのである」と心得ている。これは弥陀の本願に違反し、釈尊の説法にそむく心得である。その理由は、如来の大いなる慈悲は、短命の者たちを主たる相手としておられるゆえである。もしも弥陀が多念をもって本願とされたならば、命が一瞬にして終わってしまう者たちは、どうして本願にすがることができよう。それゆえに真宗の肝要は、ひとたび弥陀を信じれば、極楽往生するということを、その根源とするのである。

その理由は、弥陀の誓願が成就したことを示す文章に、「聞其名号《もんごみょうごう》、信心歓喜《しんじんかんぎ》、乃至《ないし》一念《いちねん》、願生彼国《がんしょうひこく》、即得往生《そくとくおうじょう》、住不退転《じゅうふたいてん》（ひとたび弥陀の名号を聞いて信心歓喜し、かの浄土に生まれようと願えば、ただちに往生が約束され、ふたたび迷いの世界に堕《お》ちることがない）」（『大経』下巻）と説かれてあり、同じく『大経』の流通分《るづうぶん》には、「其有得聞《ごうとくもん》、彼仏名号《ひぶつみょうごう》、歓喜踊躍《かんぎゆやく》、乃至《ないし》一念《いちねん》、当知此人《とうちしにん》、為得大利《いとくだいり》、即是具足《そくぜぐそく》、無上功徳《むじょうくどく》（ひとたび弥陀の名号《みょうごう》を聞くことを得て、歓喜踊躍すれば、その人はただちに大いなる利益《りやく》を得、無上の功徳をそなえるのである）」（下巻）とも説いて、弥勒《みろく》菩薩に念仏の普及をゆだねられているゆえである。そのうえ善導大師のご解釈にも、

「爾時聞一念《にじもんいちねん》、皆当得生彼《かいとうとくしょうひ》（そのときひとたび弥陀を信じれば、すべての者が極楽に往生できる）」（『往生礼讃』）などとみえているゆえである。

これらの文証《もんしょう》はすべて、弥陀の大悲はいつ死ぬかわからぬ者を根本の相手としておられるゆえに、ひとたび信じる時をもって往生が定まる時刻であるとし、命がのびれば、自然と多数の念仏をとなえるにいたる道理を明らかにしている。それゆえに私たちが日常の生活を行ないつつ、ひとたび信じて極楽往生が決定したうえで、み仏のご恩に感謝するために幾度も念仏するのであると私が教わったのは、経文や解釈の文章のうえでも、道理のうえからも証明されていることがらである。

もしも弥陀が多念をもって本願とされたのであれば、多念の限度をいつと決めることができるのであろう。それが命の終わるときであるとすれば、凡夫の死にざまはまちまちである。火に焼けても死に、水に流れても死に、刀剣に切られても死に、眠ったままでも死んでしまう。これはすべて前世の報いであり、けっして逃《の》がれることができない定めである。しかるにもし、こういう報いで命を終える者たちが、「今が私の最後の念仏である」と覚悟し、たじろがずになお十度の念仏をとなえ、弥陀のお迎えにあずかることを、かねてより期待していたとしても、当人の願いによってかならずお迎えがあるとは定まっていない。

それゆえに第十九の願文にも、「現其人前者《げんごにんぜんしゃ》（その人の前に現れることは）」のうえに「仮《け》令不与《りょうふよ》（たとえあずからず）」などと置かれてあるのである。この「仮令」の二字は「たとえ」と読むべきである。「たとえ」とは「あらまし」という意味である。本願にはない念仏以外の行を修行して極楽往生を期待する行者たちをも、み仏の大慈大悲はご覧になっておられる。見捨てずに、当人が修行したさまざまな行のなかの念仏をよりどころとして、出現しようと思えば、その人の前に出現してやろうという意味である。そのように弥陀のお迎えは一定していないので、「たとえ」の二字が置かれているのである。「もしそういうことがありうるならば」という意味である。このように不定であるという欠陥があるほかに、およそ自力のくわだてはすべて本願にそむき、仏智に違反するのである。「自力のくわだて」というのは、自分のはからいを、弥陀がお嫌いになることを言うのである。次にはまた、私たちは先に言った前世の業因《ごういん》を、どうしようもなく身にそなえている。私たちはどうしようもなくそれに支配されるのであるが、しかし、私たちを前世の業因から解き放ちたもう他力のみ仏の智慧こそ、「諸邪業繋無能礙者《しょじゃごうけむのうげしゃ》（いかなる前世の邪《よこし》まな報いも、これを妨害できない）」（『観経疏』定善義）と説かれているのであれば、み仏のお力を妨害するものはないのである。反対に、自分でくわだてる極楽往生は、凡夫自力の迷い心である。それゆえに、前世の邪まな報いを身にそなえておれば、どうして自力の往生を妨害しないことがあろう。
　このように、多数の念仏の功徳によって臨終を待ち、弥陀のお迎えを頼む自力往生のくわだてには、逃《の》がれることのできない難事が多い。それゆえに『*白氏文集』の言葉にも、「千里の旅は第一歩より始まり、高山は一粒の微塵《みじん》から積みあげられる」と言われている。そのように、一念は多念の出発点であり、多念は一念の蓄積であって、ともに離れがたいものである。とはいえ、一念は表であり多念は裏であるところを、たいていの人は誤解していると思われる。私がここに説き明かしたのは「ひとたび信じることによって弥陀の無上の智慧を頂戴する時を、凡夫の極楽往生が決定《けつじょう》する瞬間とし、生涯念仏をとなえつづけることによって、仏恩に感謝しつづける姿を示す」と伝え聞いたことがらである。

　元弘元年〈辛未《かのとひつじ》〉十一月下旬のころ、祖師聖人〈本願寺親鸞〉にたいする報恩謝徳の、七日七夜の勤行をつとめたさいに、私はあいつどう門徒の人びとに、先師上人〈釈如信〉に直接お会いし、口頭で承わった*専心・専修《せんじゅ》・別発願《べつほつがん》の教えを説ききかせた。そのさいに、私は伝持したてまつった祖師聖人のご信心の内容や、相承《そうじょう》したてまつった他力真宗の教えの肝要を、口述筆記せしめた。これが往生浄土のための真実の契りとなるものであり、末法濁世《じょくせ》に生きる者たちの模範となるものである。私は遠く後世の者の心をうるおし、ひろく大勢の衆生の利益《りやく》となることをはかって、これを記録せしめたのである。とはいえ、この書物は人をえらんで読むことを許すべきである。誰にでも見せるべきものではない。前世の善行の報いを得た者でなければ、痴鈍のやからはきっと誹謗《ひほう》の言葉を放つであろうゆえである。そういう者たちは、おそらく浄土に迎えられず、生死輪廻《しょうじりんね》の海に沈没しつづけるであろうゆえである。深く箱の底に納めて、安易に門外に持ち出してはならない。　　釈　宗昭

私は先年、右のような奥書きを書いたのであるが、思いのほか長生きしてしまった。そこで、老いの筆を染めてこれを書き写した。私はもちまえの性質がいよいよ朦朧《もうろう》とし、身も衰えきっているので、筆をとるにたえないのであるが、あえて書き残したのである。これを書き残すのは、もしひもどく人があれば、往生浄土の信心を起こすかもしれないと思うからである。わが身の困憊《こんぱい》をかえりみず、灯下のもとで筆を走らせ終えた。

康永三年〈甲申《きのえさる》〉九月十二日は、亡父の尊霊のご月忌にあたっている。私はそれゆえに、この日に書写を終えるように努めた。同年十月二十六日夜、灯下のもとにあって、この世における仮りの名を署名する。　　釈　宗昭　七十五

改邪鈔

がいじゃしょう

覚如上人（時に六十八歳）が、建武四年（一三三七）九月に著わした書。真宗教団内に横行した邪義を批判したもの。

㈠

一つ。自分勝手な考えから「名帳《みょうちょう》」*というものをつくって、祖師の教えをみだすこと。

私たちの曽祖師《そうそし》黒谷の法然上人がおつくりになった『選択《せんじゃく》本願念仏集』を拝読すれば、「大乗*・小乗の顕教*・密教のすべての教えに、それぞれ師匠から弟子へと伝えられた教えの血脈*がある。同様に浄土の教えにおいても血脈があるのである」と説かれている。そして血脈をたてる眼目は、一つは私たちが極楽浄土に往生するための、他力の信心と行とを獲得する時節を定め、一つは師弟の礼を知らしめ、一つはまた仏恩に報いることにある。

ところで、この信心と行とを獲得するよりどころは、『大無量寿経』下巻の初めに記《しる》されている、私たちが念仏だけで往生できるという阿弥陀仏の誓願が成就したことを証明する文章である。「信心歓喜、乃至一念（ひとたび信心歓喜して）」などという文章であって、そのほかには、あると教わったことはない。

それゆえに、「曽祖師法然上人、祖師親鸞聖人お二方から伝えられてきた当寺（仏光寺のこと）の教えにおいては、名帳と名づけて、そこに名前を加えることによって往生浄土の指南とし、仏法を伝える支えとも証拠ともする」というがごときは、何のいわれもないものである。おそらくは祖師の教えをみだす魔障である。こういうまちがった教えをもって、ゆめゆめ私たちの法流の正論とするべきではない。

これはおそらく、「即得往生《そくとくおうじょう》、住不退転《じゅうふたいてん》（私たちが信心を頂戴すれば即座に極楽往生が定まり、ふたたび迷いの世界に堕《お》ちることはない）」（『大経』下巻）などという経文に説かれている、私たちがふだんの生活のままで他力の信心と行とを獲得する時節を聞き誤って、「名帳に自分の名前を書き記されたときに、極楽往生が定まるのである」などと、まちがった教えを説くようになったのであろう。他の必要があって人数を書き記《しる》すのであれば問題はない。そうではなくて、どうして念仏を修する行者の姓名を書き記しただけで、往生浄土が定まった位につくというのであろう。ところが、あの寺の僧たちは、それが「黒谷・本願寺両師がお伝えになった教えである」などと言っているのである。

私はこういう話を伝え聞いたばかりである。それゆえに、まちがった噂を伝えられているのかもしれない。とても信用はできないのであるが、万一真実であるとすれば、仏教に名をかりた外道《げどう》の教えであり、祖師の名をけがすものと言うべきである。法然・親鸞のお二方がこれをお聞きになれば、どれほど驚かれることであろう。

念仏者が自分の姓名を名帳《みょうちょう》に記《しる》されたところで、弥陀の不思議の本願力の智慧を教えさずける僧侶の真実の言葉を領解《りょうげ》しなければ、極楽往生は不可能である。反対に名帳に記されなかったところで、宿善開発《しゅくぜんかいほつ》の機として、前世において為した善行の報いがこの世で得られた人間であるゆえに、他力往生にかんする師の教えを領解できたのであれば、どのように生きようと、どんな死にざまを迎えようと、定聚の位に住み、*滅度にいたることは、経典や解釈に照らして明らかである。そのうえに、何によって経典や解釈を離れ、思いつきの妄説を優先せしめて自分勝手な教えを弘めようとするのであろう。

およそ本願寺親鸞聖人のご門弟の間では、二十数名の学者がた（二十四輩《にじゅうよはい》という）と、その流れを汲む方々が、祖師が直接口頭で仰せられた以外の教えを禁制し、自分勝手な妄説を禁止しておられるではないか。にもかかわらず、この名帳という書物に序文を書き、あまつさえ意義を解説するのは、どなたの教えにもとづいていると言うのであろう。およそ師の教えでないまちがった説をもって、祖師がお伝えになった説であると称するのは、眼に見えぬ神仏の非難したもうところであり、識者の誹謗《ひほう》をまねくものであろう。畏《おそ》るべく、危ぶむべきことがらである。

（三）一つ。絵系図《えけいず》と名づけて、同じく自分勝手な教えをたてるのは理由がないこと。

聖道《しょうどう》・浄土の二つの仏門に、それぞれ私たちが生死《しょうじ》を離れる根本の教えが説かれてあることは、さまざまな経や論やその解釈に明らかである。しかしながら、自分勝手な読み方をすれば必ず誤解が生じるので、祖師が口頭でもって伝えられた教えを最上のものとするのである。それを承わって心におさめ、生死を離れる要点を明らかにしようとするのが、当然ながらすべての宗派のならわしである。

私たちの真宗においては、もっぱら自力を捨て、他力に帰依することをもって、教えの極致としている。体と口と心でもって行なう三種類の仏道修行のうち、まず言葉でもって他力の教えを述べれば、心にまことの信心が生じる。そして体で行なう礼拝のために、私たちが渇仰しうやまう絵像や木像の本尊を、彫刻したり描いたりするのである。たんに本尊阿弥陀仏だけではなく、仏法をお伝えになった恩徳を恋い慕いあがめたてまつらんがために、印度・中国・日本の三国に仏法を伝えてこられた祖師や先徳の尊像を、絵に描いて安置するならわしもあるのである。しかしそのほかに、祖師親鸞聖人が残された教えとして、たとえ念仏修行と称するとはいえ、「僧俗・男女の姿かたちをおのおの絵に描いて所持せよ」という掟があるとは、いまだ聞いたことがない。しかるに今、代代の言い伝えではない自分勝手な教義でもって、各人の姿かたちを安置するという。これは渇仰のためであろうか、あるいは恋慕のためであろうか、疑問とせざるをえないのである。

祖師親鸞聖人は本尊ですら、『観無量寿経』に説かれてある＊十三定善《じょうぜん》行のうちの、第八の像観（仏の姿を観察する行）に由来する、一丈六尺や八尺の方便の仏像をば、あえて求めて用いようとはされなかったのである。＊天親論主《てんじんろんじゅ》がしたためられた『浄土論』の巻頭の礼拝門のお言葉、すなわち「帰命尽十方無碍光如来《きみょうじんじっぽうむげこうにょらい》」をもって、真宗のご本尊とあがめておられたのである。ましてや他の人間の姿かたちを、どうして描いてあがめておられたことがあろう。末輩の自分勝手な意見は、すみやかに停止するべきである。

（三）一つ。世を捨てた者の姿をとるべきであるとして、僧形をこのみ、＊裳無衣《もなしごろも》を着けたり、黒袈裟を用いるのは不当であること。

私たちの祖師から代々の弟子へ伝えられてきた教えでは、仏教においては五戒と呼ばれ、世俗の道徳においては五常と名づけられている仁・義・礼・智・信を守り、内心において他力の不思議を保持せよと説かれているのである。しかし噂に伝え聞く異様な姿は、「世俗の道徳を忘れて、ひたすら仏法の教えを優先させよ」という主張にもとづいているという。それによって、世俗の道徳を放棄する姿を示そうがために、裳無衣を着たり、黒袈裟を用いたりするというのであろうか。これははなはだ不当である。『末法燈《まっぽうとう》明記《みょうき》』〈伝教大師諱《いみな》最澄製作〉には、「末法の世にいたれば、僧たちがつける袈裟の色が変わって白くなるだろう」と記《しる》されている。それゆえに、末法にふさわしい袈裟は白色となるべきである。黒袈裟は右の教えに大いにそむいている。今の世の、町にも田舎にも流行している遁世者と名のっている人びとは、おそらく*一遍上人や*他阿弥陀仏などの門弟を言うのであろう。この人びとはあえて遁世者の姿を示そうとし、仏法を奉《ほう》ずる者にふさわしいいかめしい姿をあらわそうと定め、そのように振舞うておられるのであろうか。

私たちの大師親鸞聖人のご意向は、これと正反対である。聖人はつねづね、「私は賀《か》古《こ》の教信沙弥《きょうしんしゃみ》〈この沙弥の姿は禅林寺の永観の『往生十因』に見えている〉と同様に振舞うのである」と仰せられていた。聖人はそれゆえに、専修念仏が停止され、流罪に定められたときの勅宣に従って、ご署名の上に愚禿《ぐとく》の字をのせられたのである。これはすなわち、ご自分が僧侶でなければ俗人でもないという意思の表示であって、それゆえに「私は教信沙弥のように振舞う」とも仰せられたのである。聖人はしたがって、「私たちはたとえ牛盗人と呼ばれようとも、善人や遁世者や仏法者と見られるように振舞うべきではない」と仰せられている。このご意向は、裳無衣や黒袈裟を着けようとする人びとの心境と、雲泥の相違があるのではないか。聖人は顕教・密教の諸宗や大乗・小乗の教えを、はるかに超越する弥陀の他力の宗旨を心中深くに蓄えて、外にはその徳を隠しておられたのである。弥陀が化身したもうた救世《くせ》観音の生まれかわりであらせられる親鸞聖人のご門弟と称しながら、正反対の遁世者ぶった姿を真似ることが、どうして亡き祖師のご意志にかなうというのであろう。くれぐれも停止するべきことがらである。

(四)一つ。自分の弟子であると称して、同行であるべき念仏者たちに専横な振舞いをかさね、あげくに、悪口雑言するのは不当であること。

光明寺の善導大師のご解釈によれば、「だれでも念仏すれば、その人は人間の中の好人、妙好人《みようこうにん》であり、最も勝《すぐ》れた人であり、上人《じようにん》であり上々人である」（『観経疏』散善義）と仰せられている。祖師親鸞聖人もこの教えにしたがって、「私は一人たりとも弟子を持たぬ。相手に弥陀の本願を保持させるほかに、何ごとを教えて弟子と称するのであろう。弥陀の本願は、他力の仏智が授けたもうところのものである。それゆえにすべての念仏者が平等なる同行であり、私の弟子ではない」と仰せられたのである。この趣旨にしたがい、おたがいに崇めあう礼儀を正しくし、睦まじい念仏者の交わりをなすべきであると仰せられている。この教えを知らず、あまつさえ悪口を吐くのは、すべて祖師・先徳のご遺訓《ゆいくん》にそむく振舞いではないか。よく反省するべきである。

(五) 一つ。同行を戒《いまし》め励ますにあたって、ときに寒空《さむぞら》のもとで冷水をあびせたり、ときに炎天のもとで灸をすえたりするのは不当であること。

いにしえの役《えん》の行者が説きひろめた修験道においては、山林をめぐる苦行や、木の下、石の上での座禅や睡眠がもっぱらであった。これはすべて特殊な人間のための、特定の修行である。世の人を救うために仮りの姿を現わした仏や菩薩が、さとりを得ようとして志された難行である。わが身をこのような仏門に投じた人びとこそ、仏・菩薩にひとしい苦行を試みて当然である。私たちのように愚かな凡人にあっては、これは生死《しょうじ》を離れる手段ではない。ただただ魔界に縁を有する偏見である。

浄土真宗は、かかる修行のすべてを超えた希有《けう》の正法《しょうぼう》である。すべてのみ仏がこの教えの正しさを、誠意をこめて証明しておられる。真宗は弥陀の他力により、すぐさまさとりを得られる早道である。愚かな凡人が横っ飛びに極楽往生できる易行《いぎょう》である。しかるに、今の末法の世にふさわしくない自力の難行を門徒に加えるのは、当世にふさわしい他力保持の易行をけがすものである。これは過去・現在・未来のあらゆるみ仏のご意向にそむく振舞いであり、ことに釈迦・弥陀の二尊の慈悲を忘れた振舞いである。ひたすら畏《おそ》るべく、恥ずべきことである。

(六)
一つ。同行と僧侶とのあいだに矛盾が生じたときに、約束を裏切ったという理由で、当人があがめていた本尊や聖教《しょうぎょう》を奪い取るのは不当であること。

これについては、祖師親鸞聖人がこの世におわしましたころに、ある直弟子が聖人の教えを理解できず、怒って御前をしりぞき、ただちに東国へ帰って行ったことがあった。そのときに、つねに聖人のおそばに侍っていた一人の門弟が、

「今のお人に授けられた聖教の表題に、聖人の御名《ごみょう》を記《しる》されたものがありまする。あれは早速取り返されるべきではありませぬか」

と言った。祖師はそのとき、

「本尊や聖教は衆生を利益《りやく》するための手段である。われわれ凡夫が自分勝手に独占するべきものではない。どうしてつねの世間の財宝などのように奪い返すべきであろう。表紙に釈親鸞と私の名前が記されているのを、法師が憎ければ袈裟までが憎いという気持で、聖教をどこかの山野に捨ててしまうことがあろうか。たとえ捨てられたとしても、親鸞は残念であるとはまったく思わない。むしろ喜ぶべきであると思うのである。その理由は、相手が聖教を捨て去った土地に住むすべての生きものは、虫けらにいたるまで、それによって救われ、苦海に沈むことをまぬがれるだろうからである。ゆめゆめ聖教を奪い返すべきではない」

と仰せられたのである。

にもかかわらず末輩のものが、どうして異見をたてるべきであろう。よくよく停止するべきである。


一つ。本尊や聖教《しょうぎょう》の表題の下に、下付を願い出た者の名前をさしおき、師匠と称する者の名前を記載するのは不当であること。

これについての趣旨も、前条と同様であろう。大師親鸞聖人がみずから書写され、諸人に与えわたされた聖教を拝見すると、すべて下付を願い出た者の名を書いておられる。今の新説にしたがえば、まず親鸞聖人の御名をのせられたことであろう。しかし、そうされなかった以上は、これも誤りと言うべきであろう。どうしてこのような異見が生まれたかといえば、師匠の意思に同行がそむいたときに、「私の名前が書いてあるから」と言って、奪い返そうがためのたくらみであると思われる。これは聖教を、世俗の財産と同じものに見なしているのであろう。第一に停止するべきことがらである。


一つ。自分の同行、他人の同行と区別して口論するのは理由がないこと。

曽祖師《そうそし》法然上人の『*七箇条のご起請文《きしょうもん》』には、「論争すればさまざまな煩悩が生じる。

それゆえに、智者は論争の場を数千里も遠ざかる。ましてや、ただただ念仏する凡愚の行者は、これを遠ざけるべきである」とある。これによれば、ただことがらの是非を糺《きゅう》明《めい》したり、正邪を論議したりすることさえも、このように固く禁じられているのである。ましてや人間を世俗の財産のように見なして、自分の弟子、他人の弟子などと論争するのは、不可解のことがらである。

祖師親鸞聖人がこの世におわしましたころ、さる直弟子たちの間で、つねに右のような論議があった。

聖人はそのとき、

「世俗の妻子や一族でさえ、つき従うべき宿縁があるあいだは、別れようと願っても別れられない。宿縁が尽きてしまえば、慕い睦《むつ》もうとしてもできないのである。ましてや世俗を離れた同行たちは、愚かな凡夫の意思でもって、親しむことも離れることもできるものではない。ともに居ようと願っても、縁が尽きれば疎遠になり、親しみたくないと願っても、縁が尽きない間はともに住むのである。これはすべて過去の因縁によることであり、今のこの一生においては、どうすることもできぬ事柄である。また一つには、前世において善行をつんだ者は、正しい教えを説く師匠に親しめる定めにある。みずから求めずとも、人を迷わさぬ法の燈火に、かならず睦み親しむ道理があるのである。過去に善行をつまなかった者は、求めずとも自然に悪い師匠に近づき、善い師匠から遠ざかる道理があるのである。それゆえに、睦み親しまれたり遠ざかられたりすることによって、一つには師匠の長短もあらわれ、人に知られることになる」と仰せられた。

弟子自身の運不運や宿善の有無もさることながら、ふつつかな弟子を持った場合は、師匠もみずからの欠陥を恥じるべきであろう。しかるに、この道理に暗いがためか、一時の我執にとらわれ、宿縁の有無を忘れて、これはわが同行、これは他人の同行と口論するのは、愚鈍のいたりである。仏や祖師の眼をはばからぬ振舞いである。まことに拙劣なことではないか。よく顧みるべきである。

一つ。(九)念仏する同行が師匠に服従しなければ、罰をあまんじて受けるという誓約書を書かせ、何箇条もの規約をたてて連署と名づけるのは不当であること。

まずそれらの規約のうち、「師匠から離反してはならない」という条項について言えば、祖師聖人がこの世におわしました昔にも、ときおりこういう主張をする者がいた。それが聖人おんみずからの禁制ではなく、人は前世の因縁にしたがって師匠についたり離れたりするものであると仰せられたことは、前条で指摘したとおりである。このみ教えにそむいてはならない。

次に、師匠にそむく者が本尊や聖教《しょうぎょう》を奪っていくとき、これを惜しんで取り返そうとしてはならないという教えについても、前条で述べたとおりである。聖人のいましめにそむいてはならない。

次に、「堂をつくるときに、異義を申したててはならない」という規約があるが、およそ仏像建立《こんりゅう》や塔の起立《きりゅう》などは、弥陀の本願にない行ないである。ゆえに弥陀の本願にひたすら帰依して念仏する行者は、これを企てるべきではない。祖師聖人がこの世におわしました昔には、親しく教えを授けられた門弟たちのなかに、堂をつくろうとする者はいなかった。親鸞聖人は、「ただ念仏道場を、一般の民家と、いくぶん差をつけ、小棟を高めにしてつくるべきである」とまで、わざわざ戒められたのである。それが、しだいにこの御遺訓《ゆいくん》にそむく人びとの世の中になって、造寺の土木を企てるにいたったのは、違反のきわみであり、歎き思う次第である。「堂を建てるときに異義を申したててはならない」という規約は、もとよりあってはならぬ主張である以上、これに関連する誓約とともに不当である。

ことがらは何箇条にもわたっているが、そのすべてにかんして、「違反してはならぬ」と、きびしい起請文《きしょうもん》を同行《どうぎょう》に書かせるのは、一つには祖師の御遺訓にそむく行為であり、はたまた宿縁の有無を知らぬ無法の指図でもあろう。要するに、祖師がお伝えになった正しい教えを保持しようとつとめる者は、これらの私見をまじえて、いたずらに邪義に迷ってはならない。慎しみ畏《おそ》れるべきである。

一つ。(10)仏道を求める世俗の男女が、僧侶のように強いて法名を用いるのは不当であること。

すでに本願の文章のなかに、「十方衆生(全宇宙の命あるものが)」(『大経』上巻)という言葉がある。またその善導大師のご注釈には、「道俗時衆(今の世の僧俗の人びと)」(『観経疏』玄義分)などとある。釈尊の四種類の弟子というのは、出家の男女および在家の男女である。世俗の男女も当然ながら仏弟子である。今ここでは、この四種の仏弟子が、ひとしくみずからの凡愚を自覚して、如来の不思議の仏智を保持するという、私たちの宗旨についてはふれない。ただ、阿弥陀仏が不思議の本願力でもって、善行をなしえず悪行のみをはたらく凡夫を浄土へ摂取したもうのに、出家の男女はこの慈悲にふさわしく、在家の男女がふさわしくないということはありえないのである。浄土に生まれる序列にかんして言えば、だれもが平等同一の座席についている。如来が在家の男女をおとしめ、出家の男女を優先させられる道理のあるはずがないのに、女性や俗体の身で法名を用いるのは、ありのままの身での極楽往生を嫌っているかのようである。

男女であろうと善人悪人の凡夫であろうと、ありのままの私たちに不思議の本願の慈悲をかけてくださり、極楽往生の資格がない私たちを往生させてくださるからこそ、「この世を超えた誓願」とも名づけられ、「横っ飛びの早道」とも言われるのである。このみ教えこそ、曽祖師《そうそし》法然上人ならびに祖師親鸞聖人いらい伝えられてきた、私たちの宗旨の眼目である。断じてなおざりにしてはならない。

(二)

一つ。春秋《しゅんじゅう》の彼岸を、特別の念仏修行の時節と定めるのは不当であること。

浄土の教えについて光明寺の善導和尚の解釈を拝見すると、安心《あんじん》(信心)・起行《きぎょう》(実践)・作業《さごう》(実践方法)の三つがあると知られる。そのうち起行・作業の二つは、なお方便の教えであるとしてしりぞけるのであり、私たちが浄土に往生する真正の原因は、安心の獲得であると、善導和尚は明らかに説いておられる。わが大師親鸞聖人はこの教えにもとづいて、他力の安心の獲得を先決としておられるのである。この安心については『大無量寿経』、『観無量寿経』、『阿弥陀経』の三種の安心があるが、真実の安心は『大無量寿経』のそれであるとしておられる。しかもこの経の教えの根本は第十八願であって、また第十八願にあっては、この願の成就を説くみ言葉がその極致である。すなわち、「信心歓喜、乃至一念《ないしいちねん》(ひとたび信心歓喜して)」というみ言葉が、他力の安心であると思し召しておられるのである。

私たちがこの一念を、弥陀の他力より頂戴して心に起こし獲得すれば、生死《しょうじ》の苦海をうしろにし、涅槃《ねはん》の彼岸に到達できるのはむろんである。この境地にいたれば、他力の安心《あんじん》にうながされて、仏恩に報謝する起行《きぎょう》や作業《さごう》を行なうはずである。それゆえに、日常どのような振舞いをしていようが、けっして退転することなく彼岸にいたると言われるのである。この安心を獲得した以上は、あえて中陽院*につどう神々が衆生の善悪を決断するという春秋の彼岸の時節をかぎって、安心・起行などの仏道修行にはげむべき理由はあるまい。中陽院での神々の断悪修善《だんあくしゅぜん》の決断は、仏法に疎遠な人々を善導しようがための集会である。他力の念仏者にあっては、心はすでに現世を離れて浄域に住んでいる。そのうえは、どうして中陽院の集会による決断を必要としよう。ところが春秋の中日をえらんで、これを念仏往生の時期であると定め、起行をすすめる人びとは、祖師のみ教えにそむいている。どうしてその門弟と言えよう。よく知るべきである。

(三)

一つ。道場と名づけて、軒がならび垣根をへだてるような近くに、別々の集会場を設けること。

およそ真宗の本尊は尽十方無礙光如来《じんじっぽうむげこうにょらい》である。この本尊のおわしますところは、み名のとおり、虚空にも似た果てしない場所である。それゆえに祖師の『教行信証』には、「仏は不可思議光仏であり、仏土は無量光明土である」(真仏土巻)と宣《のたま》われているのであり、また天親論主《ろんじゅ》も、「*三界に勝《まさ》った場所である」(『浄土論』)と判定しておられるのである。しかしながら聖道《しょうどう》門においては、〃この世での成仏〃という教えが説かれている。真宗はこれとことなる教えであることを明らかにするために、「かの仏土への往生」ということが、仮りに説かれてあるばかりなのである。聖道・浄土の二つの教えを統一すれば、現世と彼岸の区別はなく、凡夫と仏の区別もなくなるであろう。この見解にしたがえば、念仏修行の道場もまた、ことさら特定する必要はなく、どんな場所でもよいことになる。

　しかしながら、私たちは聖道門を捨てて浄土門に入るという根本の立場から、凡夫の救済を優先するために、あえて道場と命名する会場を設けて、本尊を安置したてまつるのである。これは念仏行者がつどうための場所である。それゆえに道場があまりに遠ければ、行者が参集するのに不便な場合がある。そういう場合に、諸方に道場を設ける必要があるのである。どうして同じ地域に、いくつもの道場を設ける必要があろう。あやまって道場を密集させれば、そのことから過失が生じよう。理由はといえば、同じく念仏をとなえる者に差別のあるはずはなく、同行は全世界で兄弟のように睦まじく生きるべきであるゆえである。近くで垣根をへだてれば、不和や独善の原因となるばかりである。にもかかわらず祖師の門弟と称しておられる方々が、今盛んにこういうことをしておられると伝え聞く。祖師聖人がこの世におわしました昔には、これほど極端なことはかつてなかったと、私は当時を知る人から直接うかがったことがある。事情と便宜にしたがって、煩《わずら》いを生じさせぬことが肝要である。それをよしとする説が今盛んに行なわれているが、最も停止すべきことがらである。

(一三)一つ。祖師親鸞聖人のご門弟と称する人びとの間で、在家・出家の二種の仏法について、〝得してもうけよ〟という名目をしじゅう用いるのは心得がたいこと。

この「得してもうける」という重ね言葉は、世俗から生まれたものである。出家の側では、経・論や章・疏《しょ》をひもどいても、いまだ見たことがない。しかし時機に応じて発言しようとするときに、この言葉を用いてはならないわけではない。ところが世間では、〝つねにこれを合言葉にしよう〟と言われているかのようである。『七箇条のご起請文《きしょうもん》』には、「念仏を修する僧俗の男女が、下賤な言葉を用いてなまはんかな法門を述べるなら、智者に笑われ、愚人を迷わすであろう」とある。この教えに照らして今の世をかえりみれば、まさにご指摘のとおりである。いかほどか智者の笑いを買っていることであろう。このような言葉は、*頑迷魯鈍《がんめいろどん》の最たるものである。意味の通らぬ浅ましい重ね言葉を使うべきではない。すべからく停止するべきである。

（一四）
一つ。訛《なま》りがないのに、わざと地方の訛った声をまねて念仏するのは不当であること。

*五音《ごいん》・七声《しちせい》と言われる人間の音声は、すべて生まれつきのものである。阿弥陀仏の浄土の池のさざなみや、鳥のさえずりや、生い茂る樹林のかなでる音はすべて*宮《きゅう》・商《しょう》・角《かく》・徴《ち》・羽《う》の五音によって形づくられている。曽祖師《そうそし》法然上人がわが国に、勢至菩薩の仮りの姿を現わして真宗を弘く興《おこ》したもうた最初に、音楽によって救いの業《わざ》をなす必要を思いたたれ、浄土の音声にしたがい、迦陵頻伽《かりょうびんが》のような美しい声の持主をえらんで念仏を修めさせ、万人の耳を喜ばせ、随喜の思いにひたらせられたのである。それ以来、わが国に一念と多念の二派の声明《しょうみょう》にわかれて、今日まで伝わっているのである。

祖師親鸞聖人の時代には、そのうち多念派の節づけが盛んに行なわれ、倶阿弥陀仏《くあみだぶつ》の流派にしたがう者が世にみちていた。それゆえに聖人の門弟たちも、すこしはこの声明を用いておられたのであった。祖師聖人のご意向としては、念仏の声の大小や、節づけについては何も定めておられない。ただ弥陀の願力の不思議と、凡夫往生のための他力の一筋の道のみを、みずから行じ、他人に教えるべき義務としておられたのである。音声についてはなにも指示しておられない。しかしながら、多念派の声明《しょうみょう》が時代の流行であったので、大勢の人びとがこれをもてあそんでいた。それゆえに聖人の坊に住む方々も滞在する人びとも、これに心を寄せて、すこし稽古しておられたのである。それを東国より上洛してきた僧侶や俗人が、坊中に逗留のおりに耳にしたものであると思われる。聖人の仰せとして、音曲を定めて称名せよという御《おん》沙汰はまったくない。節や音譜についての御沙汰がない以上は、訛《なま》った音声を真似ることも、訛らない音声を学ばなければならぬこともない。にもかかわらず今、訛らない声を持って生まれながら、もともと訛っている坂東の音声をわざと真似て文字や発音をゆがめるのは、往生の可否が音曲でもって定められているかのようである。

私が思うに、ただ自分の生まれつきの声にまかせて、田舎の人びとは力なく訛った声で念仏し、都の人びとは訛らない自分の声でもって念仏するべきである。声が仏事であるというのも、仏縁を結ぶありきたりの手がかりである、という意味である。音曲が真実報土へ往生する真の原因であるはずがない。他力の一心のみが往生の時節を定めるということは、祖師の口伝を承わっても、ご解釈をひもどいても歴然としている。よく知るべきである。

(一五) 一つ。一向専修《いっこうせんじゅ》という名称を重んじて、私たちが真実報土に往生できるのは、み仏の不思議なる智慧によっているという道理を、話しあおうとしないのは不当であること。

本願に示されている三つの信心というのは、「至心《ししん》（真心でもって）・信楽《しんぎょう》（信じることを喜び）・欲生《よくしょう》（極楽往生を願う）」である。またこの弥陀の本願が成就したことを示す文章には、「聞其名号《もんごみょうごう》、信心歓喜《しんじんかんぎ》、乃至《ないし》一念《いちねん》（その名号を聞いて、ひとたび信心歓喜すれば）」（『大経』下巻）などと説かれている。この文章にしたがえば、愚かな凡夫の往生の可否は、ひとたび信心が起こるときに決定《けつじょう》するのである。そのときに弥陀の本願力によって往生が決定するというのは、〝そのときに弥陀が私たちを収《おさ》めとり、二度とお捨てにならないという意味である。善導大師の『観経義』（マヽ）（散善義）によれば、「安心定得《あんじんじょうとく》（信心が決定すれば、かならず往生を得る）」というご解釈がこれである。また『阿弥陀経』によれば、「一心不乱」と説かれているのがこれである。それゆえに、祖師聖人が先達から受けついで説き弘められた私たちの宗派の肝要も、ここにあるのである。これを知らない者を他宗派の者とし、これを知ることを、当宗のご門弟のしるしとするのである。その他の、たとえば外見によって一向専修念仏者のしるしを現わさなければならない理由は、かならずしもない。

にもかかわらず、近ごろ耳にする説によれば、「浄土三部経や天親論主《ろんじゅ》の『浄土論』

の中に証拠の文章を探し求めて、信心の意味を明らかにする必要はない。ただ自分勝手に妄義をたてて、信心については論議せず、念仏行のみを強調して、〝まず他の修行をさしおいて、正行《しょうぎょう》である念仏行を修めるべきである〟とすすめている」かのようである。

どうしてこれが私たちの宗派の肝要でありえよう？　このような主張は、およそ真宗独自の立場を否定するものである。ことに祖師聖人のご遺訓《ゆいくん》に違反している。善導大師によれば、浄土の正行には読誦《どくじゅ》、観察《かんざつ》、礼拝《らいはい》、称名《しょうみょう》、讃嘆《さんだん》の五種がある。しかし私たちの宗派は、そのうち第四番目の称名を正定業《しょうじょうごう》としてえらびとり、他の四種を助業《じょごう》と規定するのである。しかも正定業である称名念仏を、極楽往生の正しい原因であると考えたり強調したりすることすら、それも凡夫の自力の企てであるゆえに、真実報土への往生のさまたげであると言われるのである。その理由は、自分勝手に考える人びとは、弥陀の本願力が私たちの思議を絶していることを知らないゆえである。私たちの教えの肝要は、凡夫のはからいをやめ、ひたすら、誰をも見捨てず浄土へ受け入れてくださるみ仏の、大いなる利益《りやく》を仰ぐことである。念仏行によって「一向専修《いっこうせんじゅ》」という名称を立てたとはいえ、他力の安心《あんじん》を決定《けつじょう》して獲得しなければ、祖師聖人のご信心とみ教えを受けついだことにはならない。もしもこの世で宿善が現われでるほどの人であれば、いかに卑しく劣った人であろうと、弥陀の願力による信心を、わが心にたくわえるはずである。よく知るべきである。

(一六)一つ。当流の門人と称する人びとが、祖師や先徳に報恩謝徳するための集会において、浄土往生のための信心については話しあう必要がなく、主として死後の葬礼について話しあうべきであると衆議をまとめるのは不当であること。

この問題については、聖道《しょうどう》門のうちの*密教には、「父母より与えられた身のままですみやかに成仏できる」(『発菩提心論』)などと説かれている。しかし他のすべての教えにおいては、私たちが浄国に往生するのも、地獄に堕《お》ちるのも、心の一事によっているとされているのである。*五蘊《ごうん》よりなるこの肉身のままで、凡夫がすみやかに浄土の蓮の台《うてな》にのぼるなどとは、まったく説かれていない。他の宗派の教えと区別するわが真宗の立場は、これを根本としているのである。しかるに極楽往生のための信心について話しあうこともなく、死後の葬礼という補助のことがらを、当流の肝要とするかのように話しあうので、祖師がみずから証《あか》したもうた信心が現われることもなく、僧俗ともに浄土往生の道すら知らないのである。わが宗がただの*無常講のように世間から見なされているのは、反省するべきである。はたまた本師親鸞聖人の仰せには、「私のまなこが閉じれば、賀茂川に入れて魚に与えよ」とある。これはすなわち、この肉身を軽《かろ》んじて、仏法の信心を根本とするべき旨を現わされたのである。このみ言葉を思えば、ますます喪葬を一大事とするべきではない。最も停止するべきことがらである。

(一七)

一つ。同様に、祖師の門弟と称する人びとが〝*因果撥無《いんがはつむ》〟という言葉をしじゅう語るのは不当であること。

浄土三部経の中にこれにかんする言葉を求めると、『観無量寿経』に〝深信因果《じんしんいんが》（因果を深く信じる）〟という文章がある。右の主張は、あるいはこれをよりどころとしているのであろうか。およそ祖師聖人が受けつがれた教義においては、三経典にはいずれも差異がないと言われているのであるが、『観無量寿経』は、教えを受ける側である人間の真実の姿を現わしている。そこに説かれてある教えの代表は定善《じょうぜん》行と散善行である。ここでは人間の真実は、*五障の女人や悪人を基本として説かれ、釈尊は教えを説く相手に、韋提希《いだいけ》夫人をえらんでおられるのである。しかし『大無量寿経』は仏・菩薩の化身《けしん》であるところの、深く修行を積んだ人びとを説法の相手とし、そこに説かれている教えは、凡夫が迷いの世界を超え出る不思議を現わしているのである。大師聖人が受けつがれたのは、もっぱらこの『大経』の教えである。それゆえに『観経』が説く、〝深信因果〟という言葉を尊重するのは、あながち満足できることがらではない。たとえこの経の言葉を用いるとしても、そこに『大経』の教えと矛盾があれば、ますます用いる理由がなくなるであろう。その理由はといえば、この経典に説かれている〝深信《じんしん》因果〟というのは、＊三福業《さんぷくごう》の随一とされているものである。またこの三福業というのは、（浄土ではなく）人間界や天上界に生まれかわるための、煩悩の所業なのである。なかでもこの〝深信因果〟という道理によれば、どうして凡夫に往生の望みがとげられよう？

まず十悪について言えば、この経典では、〝最悪の罪を犯す者は地獄道に堕《お》ち、次なる罪を犯す者は餓鬼道に堕ち、最も軽い罪を犯す者は畜生道におもむく〟と言われている。これは大乗のうちの聖道《しょうどう》門の教えである。それにしたがって、私たち凡夫が現世の行ないを原因として来世の結果を得るというのであれば、だれもが地獄・餓鬼・畜生の三悪道に堕ちてしまうはずである。人間界・天上界に生まれかわるという果報を得ようとしても、五戒と十善を完全に実践しなければ、どうして望みをかなえられよう？ ましてや迷いの世界を超え、煩悩や生死《しょうじ》を超えた真実報土に生まれかわる道理が、あるはずはないのである。とはいえしかし、無上のみ仏であらせられる弥陀の大いなる願いは、十悪・五逆・四重・謗法《ほうぼう》の輩《やから》のためのものである。その願力の強盛《きょうせい》さによって、私たちが因果の法則を廃絶せしめられ、三悪道に堕ちるべき原因を永久に絶ち、燃えさかる火炎にも似た業の報いをとどめていただくことは、大いに因果の道理にそむいているのである。もしも私たちが〝深信《じんしん》因果〟なる存在であれば、この世で植えつける悪因のひきずっていくところは悪果であるゆえに、たとえ弥陀の本願を信じるとしても、その願力は無力であり、念仏する人びとも三悪道に堕《お》ちなければならないことになる。もしそうであれば、弥陀が五劫《ごこう》の思惟によって成就された本願も、それを説いてくだされる釈尊の真実の金言《きんげん》も、諸仏がまことをつくして示された証明も、すべてがいたずらごととなってしまうではないか。

およそ他力の宗門においては、釈尊一代の説教にいまだ例がない、通常の教えを離れた、言語を絶した不思議が説かれていると言われる。それは私たち凡夫が真実報土に生まれると説かれているからである。もしも因果がたがいにめぐりあうという道理に支配されるのであれば、釈迦・弥陀・諸仏のお骨折りの成果である、他力の特別の救済手段も無意味となるであろう。その理由は、み仏たちが助けようとしてくだされる、全宇宙の生命の一部であるところの私たち凡夫が、これでは因果相順の道理に封ぜられて、弥陀の願力によってつくられた真実報土に生まれられないゆえである。弥陀のお智慧が、極楽往生を約束された者に与えてくだされている信心は、仏因（私が仏となる原因）である。この仏因にみちびかれて、私たちが獲得する定聚《じょうじゅ》の位が、浄土においてさとりの境地にいたるのであって、これが仏果（仏となる果報）である。この仏因・仏果は、他力によって成立している。それゆえに、凡夫の力によって乱しうるものではなく、廃絶できるものでもない。そうであれば、何によって〝因果を廃絶する人間がいるはずだ〟と主張できよう? この言葉は元来、他力の宗旨をもっぱらにする私たちの宗派にそむいている。それを学んだことのない者が、このように主張するのであろうか。すみやかに停止するべきである。

(一八)

一つ。本願寺の聖人のご門弟と称する人びとの中に、師匠をあがめるあまりに阿弥陀仏になぞらえ、師匠が住む所を弥陀の願力によってつくり出された真実の浄土とするというのは不当であること。

わが宗の正しいよりどころである浄土三部経に、*廃立《はいりゅう》ということが説かれている。しかしこれについては、煩雑であるゆえにしばらく説明をさしおく。

八宗の高祖とあがめたてまつる龍樹菩薩がおつくりになった『十住《じゅうじゅう》毘婆沙論《びばしゃろん》』(『浄土論註』上巻所引)によれば、「菩薩が不退転のさとりの境地を求めるためには、二つの道がある。一つは難行《なんぎょう》道であり、いま一つは易行《いぎょう》道である。その難行道にはさまざまな道程があるので、いくつかをあげて教義の意味を示そう」と言われている。次いで「易行道というのは、ただ仏を信じるという因縁によってのみ、浄土に生まれようと願うものでである。それゆえに、その者にみ仏の力が住み入って保持され、即座に大乗仏法の、正《しよう》定聚《じようじゆ》の仲間に加えてくだされるのである」と言われている。曽祖師《そうそし》黒谷の法然上人はこの教えにしたがって、「難行道《なんぎよう》というのは聖道門《しようどう》である。易行道《いぎよう》というのは浄土門である」(『選択集』)と宣《のたま》われたのである。これは聖道・浄土の二門を混乱させずに、浄土の一門を立てようとされたがためである。

ところで、聖道門の中にも、大乗・小乗、権教*・実教の区別があるが、そのうち大乗仏教の説く究極の原理と思われるのは、〝己身《こしん》の弥陀(さとりを開けば わが身を離れて阿弥陀仏なし)、〝唯心《ゆいしん》の浄土(さとりを開けばわが心の外に浄土なし)〟と説かれている所であろう。しかし、この教えは聖者のためのものであり、私たち凡夫のためのものではない。浄土の教えはもっぱら凡夫を導き入れるためのものである。それゆえに浄土の教えには己身の観察法(自分の内に住む仏の観察法)も、唯心の自説(自分の心中に浄土があるという主張)も無関係であって、隣人の財宝を数えるのに似ている。それらは聖者のための教えであるゆえに、すでに区別して浄土の一門を立て、凡夫を導き入れる手段が確立されているのである。龍樹菩薩のこの判定に、どうして誤りがあろう。

真宗の教えにおいては、いくども「廃立《はいりゆう》」ということを優先させてきた。この「廃」というのは、〝捨である〟と訳する。聖道門においては、〝この世で聖者となってさとりを開く〃、〃さとりを開けばわが身を離れて弥陀なし〃、〃さとりを開けばわが心の外に浄土なし〃などと説かれている。このような、凡夫には耐えられぬ自力の修行を〃捨てよ〃というのが「廃」である。「立《りゅう》」というのは、弥陀が与えてくだされる他力の信心をもって凡夫の信心とし、弥陀が与えられる他力の念仏行をもって凡夫の行とし、弥陀が私たちを浄土へ導びかれる他力の手段をもって、凡夫が真実報土に往生する正しい手段とし、さらに弥陀が、私たちに、〃穢界を捨ててかの浄国に往生せよ〃と定めたもうたことをもって、真宗立宗の基本としている、という意味である。

しかるに伝え聞く邪義にしたがえば、この廃立の一路を捨てて、この世とかの国とを区別せず、浄土と穢土とを分けず、この世をもって浄土と称し、凡夫にほかならぬ師匠をもって、かたじけなくも三十二の好相をそなえた仏体と定めているのである。浄土の一門に、このような所説があるとも思われない。能力なき愚鈍の輩《やから》の短慮であり、人を迷い惑わせること、はなはだしき所説である。「己身《こしん》の弥陀」、「唯心の浄土」と語る聖《しょう》道《どう》の教えと、どこに差別があるというのであろう。最もすさまじい所説であると言うべきである。私がほのかに伝え聞くところによれば、こういう所説を語りあうことを、「夜中の法門」と称しているようである。

また聞くところによれば、祖師聖人のご解釈『教行信証』にしたためられている「顕《けん》彰隠密《しょうおんみつ》の義」についても、「隠密」の言葉とは、こういう所説を公然と説いてはならぬことを、親鸞聖人が「隠密」と解釈したもうたと主張している。これはもってのほかの誤解であろう。聖人のお用いになった「顕彰隠密」の言葉には、私見の混らぬご解釈がなされている。それはこのように、公然と人前で説くことをはばかるような邪説ではない。その理由は多岐にわたっている。煩雑であり、当面の問題でもないので、今は説明をはぶく。

師匠を本尊そのものと思うべきであると言うのは、渇仰の気持が極度に達すれば、道理があるようにも思われよう。とはいえそれも、諸仏の智慧の一切《いっさい》を受けついでおられる弥陀の願力の信心、すなわち仏智よりうながされて生じるものであり、もともと仏智に属しているものでもある。それを、仏身や仏智を本体とせず、直接に凡夫の身にすぎぬ師匠をば、〃如来の仏身そのものと見よ〃とすすめるのは、聖教《しょうぎょう》の教えより離れたものであり、祖師の口伝えの教えにもそむいているのである。本尊から離れて、師匠はいずこから出現したというのであろう? 荒涼錯乱のきわみの意見である。師匠はただ、真実のみ言葉を口にして門下にさずけるのであり、み法《のり》の智慧を現わし、人びとに信心を決定《けつじょう》して獲得させる恩徳だけが、生身の如来と変わらないのである。木像はものを言わず、経典には口がない。それゆえに師匠より伝え聞く如来の恩徳を耳にたくわえようとする念仏者は、師匠をも謝徳の思いを強くいだいて、「如来の代官」と仰ぎ見、あがめるべきなのである。その師匠のほかに仏がないと主張するのは、智者に笑われ、愚者を迷わせるいわれとなる。あさましいかぎりの意見である。

(一九)
一つ。凡夫の自力の信心や念仏行をさして、み仏がさとって体得された信心であり行ないであると主張するのは不当であること。

私たちの教えでは、浄土三部経のなかの『観経』が説いている至誠心《しじょうしん》・深心《じんしん》などの三つの心は、凡夫が起こす自力の三心《さんじん》であると規定し、『大経』が説く至心《ししん》・信楽《しんぎょう》・欲生《よくしょう》などの三つの信心が、他力から授けられる仏智であると区別されている。ところが、〝方便から真実へとたどり、凡夫が起こす三心から、弥陀如来の利他行の信心へと通入する〟と教えおかれた祖師親鸞聖人の、ご解釈を拝見していないのであろうか。近ごろはこの教えにそむいて自分勝手な妄説を説き、しかも祖師のご末弟と称する者がいる。これはまことに驚くべき妄説である。まず導く者と導かれる者との区別をたて、自力と他力を対立せしめ、自力を捨てて他力に帰し、導く者の教えを受けて、導かれる者が信心を決定獲得《けつじょうぎゃくとく》することこそ、当代の如信上人が、親鸞聖人より受けつがれた口伝にかなうものである。

いま耳にする邪義のごときは、〃煩悩の塊りにほかならぬ凡夫の妄心をさして金剛心と言い、念仏者がわが身と口と心でもって行なう念仏をもって、ひたすらなる真心の修行とする〃と言うのである。これは自力と他力の区別をいささかも知らぬ主張であり、人を迷わし、みずからも迷っている所説であると言うべきであろう。その理由は、まず第一、〃金剛心が成就する〃という言葉である。ここに用いられている金剛とは、たとえである。凡夫の迷い心に、金剛にたとえられるべき何ものもない。凡夫の情はまことに動揺しやすいものである。それゆえに善導大師のご解釈には、「凡夫がたとえ清らかな心を起こすといっても、水に描く絵のようである」(『観経疏』序分義)と言われているのである。動揺という意味を、この教えでもって知るべきである。それゆえに、凡夫動揺の迷った情念のなかに、一切《いっさい》の衆生に功徳をほどこしてくだされる仏智がみち入り、動揺する迷い心をば、他力によって不動心につくりかえ、阿弥陀仏の浄土に往生しようと願う正しい念仏行が成立するときを、「能発一念喜愛心《のうほついちねんきあいしん》(よく一念喜愛の心を発し)」とも、「不断煩悩得涅槃《ふだんぼんのうとくねはん》(煩悩を断ぜずして涅槃を得)」とも、「入正定聚之数《にゅうしょうじょうじゅしじゅ》(正定聚の数に入る)」とも、「住不退転《じゅうふたいてん》(不退転の位にとどまる)」とも親鸞聖人は解釈されたのである。これがすなわち即得往生(即座に浄土に生まれる身となる)の時点である。

この娑婆に生まれて死ぬるばかりの、五蘊によってなる肉身がいまだ損われない間に、生き変わり死に変わりするばかりの私たちの、根元をつないでいる自力の迷情が、弥陀が私たちに平等に与えたもう金剛の信心によって破られ、師匠が保持して伝えるみ仏の教えに帰依することをこそ、〝自力を捨てて他力に帰する〟と名づけ、また即得往生であるとも私は教わっている。おのれの我執でもって気ままに是非を判断し、それに執着することを、〝他力に帰する〟とは教わっていない。これを金剛心とも言わないのである。浄土三部経にも、『浄土論』にも、はたまた五人の祖師の解釈以下、当宗の親鸞聖人がみずからの信心をあらわされたご著作『教行信証』などにも、見たことがない所説である。

そうであれば、何を証拠に自分勝手の妄説をほしいままに述べながら、みだりに祖師から伝えられた口伝であると主張するのであろう？　みずから迷い他人を誤らせる罪は、仏祖の教えにそむくものであろう。畏るべきであり、危ぶむべきである。

（二〇）
一つ。末の末の門弟が建てた草堂を本所と称し、諸国の人びとがこぞって崇敬する聖人のご本廟本願寺には、参詣するべきではないと言いふらして妨害するのは、眼にみえぬ神仏の加護がない企てであること。

慢心は聖道《しょうどう》門のすべての教えからきらわれ、〝仏道を妨げる魔である〟と述べられている。わが真宗の高祖光明寺の善導大師はこれを解釈して、「憍慢弊懈怠《きょうまんへいけだい》、難以信此《なんいしんし》法《ほう》」（『往生礼讃』）と仰せられている。〝おごりたかぶる人、悪心を起こす人、怠惰な人は、この教えを信じることがむつかしい〟という意味であるゆえに、憍慢の我心でもって仏智をうかがおうとする、思いあがった愚鈍な器《うつわ》が、仏智の無上の他力を学ぶことなどできるはずがない。

それゆえに祖師のご本所をないがしろにし、自分が建てた私的な住まいを本所と自称するほどにも、神仏の見えぬみ心を知らず、恵みを思わない輩《やから》のまことに憍慢な妄情をもってすれば、どうして仏智の無上の他力をお受けできよう？「難以信斯法《なんいしんしほう》」（この法を信じることはむつかしい）」という大師のご解釈がますます思いあわせられて、身のひきしまる思いがする。よく知るべきである。

この抄文集は、祖師本願寺親鸞聖人から、先師大網如信上人へと直接対面しておさずけになった正しい教えであり、真実報土に生まれるための最も肝要な教えである。

私が壮年の昔に、かたじけなくも黒谷（法然）・本願寺・大網の三代に受けつがれてきた法脈を受持していらい、ながらく心にたくわえてきた、釈迦・弥陀二尊のお教えの眼目がこれである。私がこれまで、はるかな昔より生死《しょうじ》を流転《るてん》してきた間に受けてきた仏法の厚遇をかえりみ、来世にはかならず開悟できることを思えば、仏恩の高大さは須弥山の八万里の頂きをも超え、師の徳の深広さは、大海三千里の底よりも深いと思われる。

しかるに近来、祖師のご門弟と称する人びとのなかに、先師の口伝《くでん》ではない勝手な自説をつくり出し、仏・菩薩の権化《ごんけ》が代々伝えられた仏法の清流をけがし、ほしいままに真宗であると称して、みずからも損い他人を誤らしている者がいるという。これは不当であり、禁圧されないではすまされぬものである。私はそれゆえに、それらの邪説の幢《はたぼこ》を粉砕し、正しい法燈をかかげようがために、これらの文章をしたためたのである。名づけて『改邪鈔《がいじゃしょう》』と言うのみである。

私は建武〈丁丑《ひのとうし》〉四年（一三三七）九月二十五日、これを書き終えた。思いがけず、曽《そう》祖師《そし》法然上人が浄土へおもむかれた聖日にあたっていた。私はこれにつけても、この文章が、代々伝えられてきた教えといささかも相違しないことを思い知る。尊いことである。喜ぶべきことである。

釈　宗昭　六十八歳

御
伝
鈔
　ごでんしょう

親鸞聖人の遺徳を追慕して、その生涯の行状を叙述し、一章段ごとに、これに該当する絵を挿入したもの。その詞書《ことばがき》を世に「御伝鈔」と呼ぶ。

永仁三年（一二九四）、覚如上人二十六歳のとき、みずから詞書を作って康楽寺浄賀に絵を描かせたのにはじまる。その後、補訂されている。

本願寺聖人伝絵　上

一

　親鸞聖人の俗姓は藤原氏、*天児屋根尊《あまつこやねのみこと》の二十一代の*末裔《まつえい》、*大織冠《たいしょくかん》〈藤原鎌子内大臣〉の*玄孫、近衛大将右大臣〈贈左大臣〉従一位内麿公〈後長岡大臣《こながおかのおとど》と号したまい、または閑院大臣《かんいんのおとど》と号したまい、贈正一位太政大臣房前公《ふささきのきみ》のおん孫、大納言式部卿真楯《しきぶのきょうまたて》公のご子息である〉六代の*後胤《こういん》の*弼《ひっ》の宰相有国卿の五代の孫、*皇太后宮大進《こうたいこぐのだいしん》有範《ありのり》のご子息であった。それゆえに、朝廷に仕えて冠をいただき、あるいは仙洞御所に移って栄花を開くお人であったが、仏法興隆の種がみ心のうちにきざし、ことに衆生利他の縁がもよおしたもうたことにより、九歳の春のころ、阿伯《あはく》従三位範綱卿《のりつなのきょう》〈このときは従四位上前若狭守《さきのわかさのかみ》であり、後白河上皇の近臣である。聖人の養父でもある〉が前大僧正〈これすなわち慈円であり、慈鎮和尚である。法性寺のご子息であり、*月輪殿の長兄である〉の御房へともないたてまつり、鬢髪《びんばつ》をお剃りになったのであった。範宴《はんえん》少納言の公《きみ》と号したまい、それよりのちはしばしば天台の学風を訪《とぶら》いたまい、ひろく*三観仏乗の理をきわめられ、長らく*楞厳横川《りょうごんよかわ》の法流をたたえて、ふかく*四教円融の義を明らかにしたもうたのである。

二

聖人は二十九歳、建仁第三（実は元年）の暦の春のころに、隠遁《いんとん》の志にひかれて、源空上人を吉水の禅房にお訪《たず》ねになった。これはすなわち、世が*末法となり、人の器量が劣って難行《なんぎょう》の仏道は迷いやすくなったゆえに、易行《いぎょう》の大道におもむこうとされたのである。真宗を興《おこ》したもうた大祖源空上人は浄土の教えの源をさぐり、教理をきわめて親鸞聖人に述べたもうたところ、聖人はたちどころに弥陀に収《おさ》めとられて、極楽往生するという趣旨を会得し、凡夫がそくざに浄土におもむくことができるこの信心を、固く決定《けつじょう》したもうたのであった。

三

建仁三年〈癸亥《みずのとい》〉四月五日の夜寅《とら》の時、親鸞聖人は夢想のお告げをお受けになった。その記録によれば、六角堂の救世《くせ》観音菩薩が顔容《かんばせ》端厳なる聖僧の姿となって現われ出たまい、白い*衲《のう》の袈裟を着用し、広大なる白蓮華《びゃくれんげ》の上に坐って、聖人に次のように宣《のたま》われたのであった。

〃行者宿報設女犯《ぎょうじゃしゅくほうせつにょぼん》、我成玉女身被犯《がじょうぎょくにょしんぴぼん》、一生之間能荘厳《いっしょうしけんのうしょうごん》、臨終引導生極楽《りんじゅういんどうしょうごくらく》（念仏者が過前世の報いにより、たとえ女色《にょしょく》の罪を犯そうとも、私が玉のような女身《にょしん》となって犯されよう。一生のあいだ行者をよく荘厳し、臨終時には引導して極楽に生まれさせよう）〃

救世《くせ》菩薩は、当時善信と名のっておられた聖人に、

「これが私の誓願である。汝はこの誓願の趣旨を、すべての衆生に説ききかせよ」

と宣《のたま》われた。

善信はそのとき夢のなかで、御堂《みどう》の正面に坐って、東方をご覧になると、峨々たる山脈があった。その高山に、数千万億の衆生が群集しているのが見えた。聖人が菩薩のお告げにしたがい、それらの衆生に誓願の意味を説ききかせ終わったとお思いになったときに、夢からさめられたと言われる。

この夢の記録をひもどいて意味を案じれば、これはひとえに真宗が繁昌することの奇瑞であり、念仏が弘まり興《おこ》ることの現われである。それゆえに聖人は後で、

「仏教はむかし西方より興り、経・論はいま東方日本国に伝わっている。これはひとえに上宮《じょうぐう》聖徳太子の広徳であり、山よりも高く、海よりも深いものがある。太子が本朝欽《きん》明《めい》天皇の御代《みよ》に、あまたの経・論を受け入れられ、浄土の教えが正しく依るべき経・論も、このときに到来したのである。もしも太子がこのような厚恩をほどこされなければ、

われらのような凡夫が、どうして弥陀の弘大なる誓願に会うことができたであろう。救《く》世《せ》観音菩薩が聖徳太子のご本地《ほんじ》であり、太子となって仏法を興《おこ》そうとされたのである。その願いを私に現わそうがために、もとの観音の尊容をお示しくだされたのである。また、そもそも、大師源空上人がもしも流刑に処せられたまわなければ、どうして私もまた配所におもむくことができたであろう。もし私が配所におもむかなければ、どうして辺鄙《へんぴ》の土地に住む衆生を教化できたであろう。これもなお、師の教えのご恩のいたすところである。大師源空上人は勢至菩薩の化身《けしん》である。聖徳太子はまた観世音菩薩の垂迹《すいじゃく》である。それゆえに私は、両菩薩のおん導きにしたがって阿弥陀仏の本領を弘めているのである。真宗はこのお二方によって興り、念仏は盛んになったのである。私たちはしかし、ひたすら聖者の教えにしたがうのであり、愚かなる自分らの勝手な意見をかまえるべきではない。法然・聖徳のお二方の願いは、ひたすら弥陀一仏のみ名をとなえることにつきる。今日の念仏者は、まちがって両菩薩にお仕えしてはならぬ。ただちに弥陀本仏を仰ぐべきである」

と仰せられた。

親鸞聖人はこのようなお考えで、如来を崇めるかたわらで聖徳皇太子を崇めておられた。これはけだし、仏法弘通《ぐつう》の大いなる恩に感謝しようがためである。

四

建長八年〈丙辰《ひのえたつ》〉二月九日の夜寅《とら》の時に、聖人に仕えていた釈の蓮位が夢のお告げを得られた。そのとき、聖徳太子が親鸞聖人を礼拝したてまつって、「敬礼大慈阿弥陀仏《きょうらいだいじあみだぶつ》、為妙教流通来生者《いみょうきょうるづうらいしょうしゃ》、＊五濁悪時悪世界中《ごじょくあくじあくせかいちゅう》、決定即得無上覚也《けつじょうそくとくむじょうかくや》（大慈の阿弥陀仏をうやまって礼拝したてまつる。あなたは妙《たえ》なる教えを流通せんがために、この世に来臨ましました。この五濁悪時の悪世界にあって、あなたは信心を決定せしめて、無上のさとりを得させてくだされる）」

と仰せられた。

これによって、祖師聖人が阿弥陀仏の化身《けしん》でおわしますということは明らかである。

康永第二の年〈癸未《みずのとみ》〉十月中旬の頃、絵を書き終える。

五

黒谷の先徳源空上人がこの世におわしました昔、上人は親鸞聖人をことのほか愛したもうて、とくに許してご著作を写さしめ、またあるときには、おんみずからの筆で名字を書きあたえられた。これはすなわち、親鸞聖人選述の『顕浄土方便化身土文類六《けんじょうどほうべんけしんどもんるい》』に、次のように宣《のたま》われているところである。

「愚禿釈の鸞は、建仁辛酉《かのととり》の暦に雑行《ぞうぎょう》を捨てて本願に帰した。元久乙丑《きのとうし》の年に師のお許しをえて、『選択《せんじゃく》本願念仏集』を書き写した。同年四月十四日に、師は内題の字と、〃南無阿弥陀仏、往生の業《ごう》は念仏をもととす〃という文章と、〃釈の綽空〃の字とを、ご自身の筆で書いてくだされた。親鸞は同じ日に、法然上人の真影をもお預りして写させていただいた。同じく元久二年閏七月二十九日に、法然上人はご自分の筆でその真影の銘として、〃南無阿弥陀仏〃と、〃若我成仏十方衆生《にゃくがじょうぶつじっぽうしゅじょう》、称我名号下至十声《しょうがみょうごうげしじっしょう》、若不《にゃくふ》生者不取正覚《しょうじゃふしゅしょうがく》、彼仏今現在成仏《ひぶつこんげんざいじょうぶつ》、当知本誓重願不虚《とうちほんぜいじゅうがんふこ》、衆生称念必得往生《しゅじょうしょうねんひっとくおうじょう》（たとえ私が仏となることができるとしても、全宇宙の衆生が私の名を十度でもとなえることにより、私がつくった国に生まれることができなければ、私は仏にならない。このようにお誓いになった阿弥陀仏は、今現在成仏しておられる。この根本のお誓いと重大なる願いとが偽りでないことを、まさに知るべきである。いかなる衆生であれ、念仏すればかならず極楽に生まれる）〃と書きたもうたのであった。また、夢の告げにより、親鸞聖人の前名綽空を善信にあらためて、同じ日にみずからのお筆で書きそえられた。法然上人が七十三の御歳のことである。『選択本願念仏集《せんじゃくほんがんねんぶつしゅう》』は、禅定博陸《ぜんじょうはくりく》〈月輪殿兼実《つきのわどのかねざね》、法名円照〉の教命によって選集されたものである。真宗の簡要も、念仏の奥義《おうぎ》も、ここにあまねく集められている。見る者は意味を察しやすく、まことに希有至上《けうしじょう》の文章であり、この上なく深い意味をたたえた宝典である。ただし、法然上人が教えを説きたもうた長年月のあいだに、教化をこうむった人びとは親疎をあわせて幾千幾万もいたとはいえ、この著作を拝見して写すことを許された者はまことに少なかった。しかるに私は、すでにご著作を書き写したばかりか、ご真影までをも写させていただいたのである。これはひたすら念仏の正業につとめた恩徳である。これは往生浄土が決定《けつじょう》していることのしるしである。よって悲喜こもごもの涙をおさえつつ、由来の縁を書き記《しる》す」

六

およそ源空上人がこの世におわしました昔に、他力往生の教えを弘めたもうたところ、世はあまねくこの法門につどい、人はことごとくこの教えに帰したのであった。朝廷でまつりごとをとる天皇や皇太子も、黄金《こがね》の樹木の満ちる極楽浄土に咲く蓮華の台《うてな》に心をかけ、三公九卿《さんこうきゅうけい》の道に生きる家の人びとも、明月のごとき弥陀の四十八願に思いをこらされたのであった。それればかりか、朝廷に弓をひく戎《えびす》や辺境に住む者どもまでがこれを仰ぎ、これを尊ばぬ者はなかったのである。貴族も賤民も上人の門前に車の轅《ながえ》をめぐらし、門前市をなす有様であった。法然上人に常時つきしたがい、ねんごろに教えを承わっていた僧侶の数は、すべてで三百八十余人もいた。とはいえしかし、直接にその教化を受けて、心からその教えを守る者ははなはだ稀《ま》れであった。わずか五、六人にも足りなかったのである。

善信聖人はあるとき源空上人に、

「私は難行道《なんぎょう》をさしおいて易行道《いぎょう》に移り、聖道門《しょうどう》を逃《の》がれて浄土門に移ってよりこのかた、師のご命令に従わなければ、どうしてこの世を出離し解脱《げだつ》＊するためのよき原因を心に蓄えることができたでしょう。喜びのなかの喜びは、これに比べられるものがありませぬ。しかしながら同じ庵《いおり》にあつまって、ともに同じ師の教えを仰ぐ者は多いとはいえ、誰がまことに真実報土に往生できる信心を成就できているかは、自他ともに測り知られるものではありませぬ。それゆえ、一つには誰が将来浄土でともに生きる友であるかを知り、一つにはまた、この世の思い出ともしようがために、おん弟子たちが参集されたときをみはからい、私が意見を申し出て、皆みなさまの心のうちを試《ため》したいと思います る」

と仰せられた。大師上人は、そのとき、

「そなたの申し出はまことに適切である。すぐ明日にでも、人びとが参集したときに申し出られるがよい」

と宣《のたま》われた。そこで翌日の集会の場で、親鸞聖人は、

「本日は、〃信*不退〃〃行不退〃の座を両方に分けて設けられまする。皆さまはどちらの座にお着きになるか、ご自分でお示しくだされ」

と提案された。そのとき三百余人の門侶はみな、意味がわからぬという風情を示した。すると、法印大和尚位聖覚《せいかく》と釈の信空*上人法蓮が、

「自分は信不退の座に着こう」

と仰せられた。そのあとで、遅れて参上した沙弥*法力《ほうりき》〈熊谷直実《なおざね》入道〉が、

「善信の御房は何を書き記《しる》しておられまする」

と訊ねた。善信聖人は、

「〃信不退〃〃行不退〃の座を分けておりまする」

と宣《のたま》われた。法力房は、

「それでは、法力も洩れてはなりませぬ。〃信不退〃の座へ行きまする」と言った。

善信聖人はそこで、法力の名を書き記された。その場に数百人の門徒が群集していたとはいえ、これ以上意見を述べる者はいなかった。これはおそらく、自力の迷い心にこだわっていて、如来の金剛の真実信心に昏《くら》いがゆえの振舞いであろう。人びとがすべて押し黙っているので、筆をとる親鸞聖人は、自分の名を〃信不退〃の座に書き記された。

ややしばらくあって、大師上人は、

であった。

「源空も〝信不退〟の座につらなろう」

と宣《のたま》われた。門弟たちはそのとき敬服の意をあらわし、ある者は後悔の色を示したの

七

親鸞聖人が次のように宣われたことがあった。

「昔、わが本師源空上人の御前に、*聖信房《しょうしんぼう》や*勢観房や*念仏房以下大勢の人びとがあつまって、思いもおよばぬ論争をかわしたことがあった。わけはと言えば、私が〝法然上人のご信心とこの善信の信心とは、いささかも変わるところがない。まったく等しい信心である〟と言ったところ、これらの人びとが聞きとがめて、〝善信房が、上人のご信心と自分の信心とが等しいと主張するのは道理がない。どうして等しいはずがあろう〟と言ったのであった。善信は、〝どうして等しいと言えぬわけがありましょう。その理由は、自分の学識や智慧がご上人様の博覧や深智《じんち》に等しいとでも言えば、まことに恐れ多うございましょう。しかし、往生の信心にいたっては、ひとたびご上人様から他力信心の道理を承わって以来、その信心に私のかかわるところは何らございませぬ。それゆえにご上人様の信心も、弥陀の他力より頂戴されたものでありまする。善信の信心も他力

でありまする。しかるがゆえに等しくて変わるところがないと申し上げるのでござりまする〃と申したところ、大師上人はまさしく、〃信心が変わるというのは、自力の信心の場合である。すなわち、各人の智慧には相違があるゆえに、自力の信心には相違が生ずるのである。他力の信心の場合は、凡夫が善人であろうと悪人であろうと、すべて阿弥陀仏のほうより与えたもう信心である。それゆえに、源空の信心も善信房の信心も、何ら変わるはずがない。ただ一つの信心である。自分が賢いゆえに信じるのではない。信心に相違がある人びとは、私が参る浄土へよもやお越しになることはあるまい。よくよく心得られるべきことである〃と仰せられたのであった。そこで面々《めんめん》は舌を巻き、口を閉じてしまったのであった」

八

入西房《にゅうさい》という御《おん》弟子が、親鸞聖人の真影を描き写させていただきたいと願いながら、何年もむなしくすごしていた。聖人はその意思を察して、

「定禅《じょうぜん》法橋〈七条辺りに居住〉に写させるがよい」

と仰せられた。入西房は師の察知を大いに喜び、そくざにこの法橋を招いた。定禅はすぐに参上すると、聖人の尊顔に向かいたてまつり、

「私は昨夜奇特な霊夢を見ました。その夢の中で拝みたてまつった聖僧のお顔が、今お会いしているあなたさまのお顔と、少しも違《たご》うところがありませぬ」

と言って、たちまち随喜感歎の色を深めると、夢の中身を語り出したのであった。それによれば、貴い僧侶が二人、定禅の家を訪れて、一人の僧が、

「私はこの化僧《けそう》(不思議な僧侶)の肖像を描かせたいと思う。願わくば、あなたに筆をとっていただきたい」

と言った。定禅が、

「この化僧はどなたでしょう」

と訊《たず》ねると、くだんの僧は、

「善光寺の本願の御房がこのお方でござる」

と答えたのであった。そこで定禅は夢の中で両手を合わせ、ひざまずきながら、「それでは阿弥陀仏の化身《けしん》ではないか」と思い、身の毛のよだつ思いで、うやうやしく礼拝したのであった。すると相手は、

「御頭《おんこうべ》だけを描いてくればよい」

と言い、以上のような問答をかわしたところで夢が覚めたという。

「ところが今、この御房へおうかがいして拝見したてまつるあなたさまのお顔は、夢に

見た聖僧といささかも相違がござりませぬ」

と定禅《じょうぜん》は語り、随喜のあまり涙を流したのであった。

それでは、夢のお告げにしたがおうということになって、親鸞聖人も御頭《おんこうべ》だけを描かせることになったのであった。この夢想は、仁治三年九月二十日夜のことである。

つらつらこの奇瑞を思うと、親鸞聖人が阿弥陀仏の来現であることは明らかである。それゆえにすなわち、聖人が説き弘められた教《きょう》と行《ぎょう》は、おそらくは弥陀のじきじきの説法であると言うべきであろう。*無漏《むろ》なる仏法の智慧の燈火を明らかにかかげて、はるかに濁世《じょくせ》の迷闇を晴らし、あまねく甘露の法雨をそそいで、仏法に枯渇する惑える凡夫をうるおそうがために出現されたのであると、仰いで信じるべきである。

私は康永二年〈癸《みずのと》未《み》〉十月中旬のころに、願いを起こして図画の功をなし終えた。その間、退齢ははなはだしく八十年を数え、両眼は朦朧《もうろう》たる有様である。にもかかわらずあえて詞《ことば》にあわせて絵筆を染めたのは、闇夜に向かうような有様であった。筆の置きどころもわきまえず、無体なる有様は、後世に恥を残すばかりのものである。

大和尚位　宗昭　七十四

画工康楽寺沙弥　円寂

本願寺聖人伝絵　下

一

浄土宗が興《おこ》ったことにより、聖道門《しょうどう》はおとろえた。これは源空師のせいであるとして、たちどころに罪科に処すべきであると、南都北嶺《ほくれい》の学僧たちがいきどおった。『顕浄土《けんじょうど》方便化身土文類《ほうべんけしんどもんるい》六』には、このことについて次のように宣《のたま》われている。

「私がひそかに思うのに、聖道門の教えはすべて*行証《ぎょうしょう》がつとにすたれ、浄土の真宗は今、*証道が盛んである。しかるに諸寺の僧たちは教えに昏《くら》く、真と仮《け》の法門の区別を知らない。都に住む儒学者たちも行に迷って、邪と正の道の区別をわきまえていない。それゆえに、興福寺の学徒が太上天皇〈諱《いみな》は尊成《たかなり》、後鳥羽院と号す〉、今上〈諱は為仁《ためひと》、土御門院と号す〉の聖暦承元丁卯《じょうげんひのとう》の年四月上旬のころに、〈源空師の罪を〉*奏達したのであった。主上も臣下も仏法にそむき、正義にたがい、怒りをなし、怨《あだ》を結んだ。それによって真宗興隆の太祖源空法師および数人の門徒が、罪科をかえりみることもなく、みだりに死罪に問われ、あるいは僧の姿を改められ、俗人の姓名をたまわって遠流に処せられたのであった。私もその一人である。したがって私は、もはや僧ではなく俗人でもない。私はそれゆえに禿《とく》の字をもって姓としたのである。源空師および弟子たちは、諸方の辺境に流罪となって、五年を過ごされたと言われる。源空上人は罪名を藤井元彦《ふじいのもとひこ》と称せしめられ、配所は土佐国〈幡多《はた》〉であった。親鸞聖人は罪名を藤井善信《ふじいのよしざね》と称せしめられ、配所は越後国〈国府《こくぶ》〉であった。このほかの、死罪や流罪に処せられた門徒のことはすべて省略する。皇帝〈諱は守成《もりなり》、佐渡院と号す〉の聖代、建暦〈辛未《かのとみ》〉の年子月《しげつ》（十一月）十七日に、私は岡崎中納言範光卿を通じて勅免をえた」

このとき親鸞聖人が右のように、禿の字を書いて*奏聞《そうもん》したもうたところ、陛下は*叡感をくだされ、侍臣は大いに賞讃した。聖人は勅免を得られたとはいえ、越後の人びとに教化をほどこそうがために、なおしばらく在国したもうた。

二

親鸞聖人は越後の国より常陸の国へ越え、笠間郡稲田郷《かさまのこおりいなだのごう》という所に隠居したもうた。*幽栖《ゆうせい》を志されたのであったが、僧侶も俗人も跡を追い、*蓬屋《ほうおく》の戸を閉ざしたところで、貴人も賤民も里にあふれた。仏法を弘めようとされた本懐はここに成就し、衆生を利益《りやく》しようと志された多年の思いは、たちまちにして満たされた。このときに聖人は、

「救世《くせ》観音菩薩の告命《ごうみょう》を受けた古《いにしえ》の夢が、すでにして今の有様と符合している」と仰せられたのであった。

三

親鸞聖人が常陸の国にあって専修《せんじゅ》念仏の法義を弘めたもうたところ、およそこれを疑い謗《そし》る輩《やから》はすくなく、信じ順《したが》う者たちが多かった。しかし一人の僧〈山伏と言われる〉がいて、ともすれば仏法に怨みをいだき、ついには聖人を殺そうと思いたって、時期をうかがっていたのであった。聖人はそのころ、板敷山《いたじきやま》という深山をつねに往復しておられた。僧はしばしば山中で待ち伏せていたのであるが、いっこうに機会がえられなかった。出会えぬわけをかえりみれば、僧は不思議でならなかった。そこで聖人に会おうと思いたち、禅室におもむいて面会を求めたところ、聖人は無造作に姿を現わしたもうた。すなわち、尊顔にむかいたてまつったところ、僧の殺害心はたちまち消え失せて、あまつさえ後悔の涙がとめどなく流れ出たのであった。ややあって、僧が日ごろの不満をありのままに告白したところで、聖人は驚きの様子さえ示されなかった。僧はたちどころに弓矢を切り、刀杖を捨て、頭布《ときん》を取り、柿色の法衣を替えて仏法に帰し、ついに往生浄土の望みをかなえたのである。不思議なことである。明法房《みょうほうぼう》がこの人である。親鸞聖人がつけられた法名である。

康永二年〈癸未《みずのとひつじ》〉十一月一日、絵詞《えことば》の筆を染め終わる

沙門　宗昭　七十四

四

親鸞聖人は東国の関所を越えでて、花の都へ上《のぼ》ろうとされた。ある日、夜おそくになって箱根の険阻《けんそ》にかかられたことがあった。旅人の姿もはるかに跡絶《とだ》えたころに、ようやく人屋の近くにたどりつかれたのであるが、夜はすでに暁に近づき、月も山の端《は》に傾《かたぶ》こうとしていた。そのとき、聖人が家に近づいて案内を乞われたところ、たいそう年をとった翁がうるわしい装束をつけて、すみやかに姿を現わし、

「私どもは、社廟の近くに住む者のならわしで、巫女《かんなぎ》たちが夜もすがら遊び、私も仲間に加わっていたのでござりまする。今になって、すこしくまどろんでいるかと思われたところに、夢でも現《うつつ》でもなく、権現《ごんげん》が姿を現わされて、〝ただいま、わしが尊敬しておる客人がこの道を通ろうとしておられる。かならず鄭重《ていちょう》にお迎えし、とくに心のこもったご馳走を差しあげよ〟と仰せられたのでござりました。このご示現がいまだ覚めぬう

ちに、貴僧が忽然《こつぜん》と姿を現わされたのでござりまする。なみのお人であるはずはござりませぬ。神勅に嘘いつわりはござりませぬ。私どもは、それにお応《こた》えして鄭重におもてなしいたしまする」

と言って、恭《うやうや》しくもてなし、色とりどりの馳走をととのえたのであった。

五

親鸞聖人が故郷にお帰りになって、過ぎし日々をかえりみられたところ、幾十年の歳月はただ夢まぼろしのように思われた。都においては定住を好まれず、右京や左京の諸方を転々としておられた。五条西洞院《にしのとういん》のあたりでは、ここは住みやすい所であると思し召されて、しばらく滞在しておられた。そのころに、かつて教えを直接に受けた門徒の人たちが、それぞれに聖人を慕い、住処《すみか》を尋ねて参集したのであった。当時、常陸国《ひたちのくに》那荷西郡《なかのさいのこおり》大部郷《おおぶのごう》に、平太郎なにがしという庶民がいた。聖人の教えを信じて、二心《ふたごころ》なく念仏行を勤めていたのであるが、あるとき、その平太郎が役目で熊野に参詣しなければならなくなり、詣るべきかどうかを伺うために、聖人をお訪ねしたのであった。聖人はそのとき

「聖教《しょうぎょう》には無数の相違があるが、いずれも学ぶ人の器量に応じて、大いなる利益《りやく》があ

るものである。しかし今の末法の世においては、聖道門の修行によってはとても成仏できぬ。それゆえに〝我末法時中億々衆生《がまつぽうじちゆうおくおくしゆじよう》、起行修道《きぎようしゆどう》未有《みう》一人得者《いちにんとくしや》(私の教えが末法の世にいたれば、何億という衆生が行をつとめ、道を学んだところで、いまだ一人として成仏できるものはいない)〟(『安楽集』)と言われ、また、〝唯有浄土《ゆいうじようど》一門《いちもん》可通入路《かつうにゆうろ》(ただ浄土の一門のみが仏道に入りうる道である)〟(『安楽集』)とも言われるのである。これはすべて経・釈に明らかに説かれている文章であり、如来の金言《きんげん》である。そして今、この〝浄土の一門のみがある〟という真説にしたがって、かたじけなくも印度・中国・日本の三国の祖師たちが、それぞれに浄土の一宗を興《おこ》したもうたのである。それゆえにこの愚禿《ぐとく》が勧《すす》める念仏の教えにも、何ら私見を加えるところがない。しかもこの一向専念の教えは、極楽浄土に往生するための肝要であり、浄土宗の骨幹である。すなわち浄土の三部経には、*隠と顕の相違があるとはいえ、文章においても、意味においても、すべてがこのことを明らかにしているのである。『大無量寿経』の*三輩にたいしても、ひたすら弥陀を頼めとすすめて、教えの流通《るづう》を弥勒菩薩にゆだねておられる。『観無量寿経』の*九品《くほん》にたいしても、*往生浄土のためには三心《さんじん》が必要であると説いて、その教えの流通を阿難尊者にゆだねておられる。そのうえ、『阿弥陀経』に説かれてある一心については、(舎利弗に流通《るづう》をゆだねておられるが)あらゆるみ仏が誠意をつくしてその正しさを証明しておられるのである。天親論主《ろんじゆ》はそれによって一心と判定したまい、善導和尚は一向と釈したもうておられる。いずれの文章によったところで、一向専念の法義を立てられぬはずがあろうか。熊野の証誠殿《しょうじょうでん》にお住まいの神のご本地《ほんじ》は、すなわち当の阿弥陀仏である。弥陀が何としても衆生に往生浄土の縁を結ばしめようと深い志をいだきたもうて、神となって日本国に現われ出たもうたのである。神に姿を変えておられるのは、ひたすら縁を結び、衆生を本願の海に招き入れようがためである。それゆえに、ご本師阿弥陀仏の誓願を信じて、ひたすら念仏をとなえようとする者たちが、公務にしたがい、領主に仕えて、熊野の霊地を踏み、社廟に詣でようとするのは、何ら自分の心で思い立った行ないではない。それゆえ熊野社に詣でたさいにも、内には虚仮《こけ》をそなえた身でありながら、あえて賢者や善人や精励者の威儀をととのえてはならぬ。ただ弥陀のお誓いにおまかせして、ありのままの姿を示すのである。ああ、尊いことではないか。私の言葉は、何ら神威を軽んじるものではない。私がこう申し上げても、神がお怒りになるはずはない」

と仰せられたのであった。

平太郎は、このお言葉にしたがって熊野に参詣した。それゆえに神道の作法を格別にととのえようとはしなかった。ただただ煩悩に支配される凡人の心のままに旅路をたどり、不浄をとりつくろって潔斎することもなかった。つねに本願を仰ぎ、何ごとにおいても師の教えを守っていたのであるが、そのように精進潔斎もせず熊野社に到着したその夜、平太郎ははたして次のような夢のお告げを得たのであった。

証誠殿《しょうじょうでん》の扉を押しひらいて、衣冠正しい俗人が姿を現わすと、

「お前は何故《なにゆえ》に私をないがしろにして、汚穢《おわい》不浄の身のままで参詣するのか」

と仰せられたのであった。するとそのとき、その俗人に対座して親鸞聖人が忽然《こつぜん》と姿を現わされ、

「この者は、私の教えにしたがって念仏する者でござりまする」

と仰せられたのである。と、俗人は*笏《しゃく》を真直ぐに立て、深く敬礼されるばかりで、重ねて何も語ろうとされなかった。夢はここで覚めたのであるが、平太郎は言葉もないほどの奇異の思いに打たれた。熊野より下向のあとで、聖人の御房に参上して、事の次第をくわしく報告すると、聖人は、

「私が言ったとおりじゃ」

と宣《のたま》われた。これもまた不思議なことであった。

六

親鸞聖人は弘長二年〈壬戌《みずのえいぬ》〉十一月下旬のころより、いささか病いが重くなられた。そ

れより以後は世俗のことを口にのぼされず、ひたすら仏恩の深いことだけを語っておられた。声には他のことがらをあらわさず、ひたすら念仏称名をつづけておられたのである。そして、同じく二十八日の正午に、頭を北、顔を西に向け、右脇を下にお伏せになって、ついに念仏の息が絶え終わったのであった。齢《よわい》はすでに九十にみちておられた。禅房は左京の一隅〈押小路南万里小路東《おしこうじのみなみまでのこうじのひがし》〉にあったので、はるかに賀茂川を越えて、東山の西麓、鳥部野《とりべの》の南の延仁寺において葬りたてまつった。遺骨を拾って同じく東山の麓、鳥部野の北の大谷にこれを納めおえた。終焉《しゅうえん》にお会いした門弟や勧化《かんげ》を受けた老若の人びとは、それぞれに聖人がこの世におわしました昔を思い、滅後の今を悲しんで、恋い慕い、涙を流さぬ者はなかった。

七

文永九年冬のころ、東山西麓鳥部野の北の大谷の墳墓をあらためて、同じ麓よりなお西方の、吉水の北のあたりに遺骨を掘り移し、仏閣を建てて影像《えいぞう》を安置した。それより以降、親鸞聖人がお伝えになった宗義はいよいよ興《おこ》り、ご遺訓《ゆいくん》はますます盛んに伝えられ、繁栄のさまは聖人ご在世の昔をはるかに越えたものとなった。*門葉《もんよう》はいずこの国郡にも充満し、末流は諸方にあまねく広がり、幾千万とも数えられぬほどである。この尊い教えを重んじ、かの仏恩に報謝しようと志す人びとは、僧侶も俗人も、老いも若きも、それぞれに歩みをはこんで毎年のように廟堂に詣でている。およそ親鸞聖人がご在世のあいだに現わしたもうた奇特*は数多く、くわしく記録するいとまがない。省略してつづった次第である。

この縁起を絵に描こうとした志は、ひたすら恩を知り徳に報いようがためであって、戯論《けろん》や狂言のためではない。しかしながら、私どものような者が絵筆を走らせ文章を拾ったところで、絵姿ははなはだまずく、文体もまたつたない。意図をかえりみても、成果を見ても、苦痛と恥じらいのみがある。しかしながら、ただ後の世にご覧になる賢者の取捨にまかせて、愚かな自分の過誤をかえりみることもなく書き残すのである。時に永仁第三の暦、十月十二日午後四時にいたって、この草稿を書き終えた。

執筆　法印宗昭

画工　法眼浄賀〈康楽寺と号す〉

暦応《りやくおう》二年〈己卯《つちのとう》〉四月二十四日、私どもはある本にもとづいて、にわかにこの伝絵を書き写したてまつった。先年、私がこれをしたためたあと、一本を所持していたのであるが、世上に戦乱があって、炎上のとき行方知れずとなった。しかし今、思いがけず粗末な写本を得たのであった。このことを注しとどめるものである。

桑門宗昭

康永二年〈葵未《みずのとみ》〉十一月二日、筆を染め終える。

釈　宗　昭

画工　大法師宗舜〈康楽寺の弟子〉

報恩講式

ほうおんこうしき

略して「式文」とも称する。親鸞聖人の忌日である報恩講に諷誦《ふうじゅ》するために作ったもの。もと漢文。三段にわけて、聖人の徳をたたえてある。覚如上人の著、選述の年時はたしかでないが、永仁三年(一二九五)以前、正応五年(一二九二)以後の間と考えられる。

まず*惣礼《そうらい》、つぎに*三礼《さんらい》、つぎに*如来唄《にょらいばい》、つぎに*表白《ひょうびゃく》。

うやまって大恩の教主釈迦如来と、極楽においてよく衆生を教化したもう阿弥陀仏と、賞め讃えられるべき浄土三部の妙経と、十二部に分かたるる八万の*顕密の聖教《しょうぎょう》と観音《かんおん》・勢至《せいし》・*九品聖衆《くほんしょうじゅ》の弥陀の侍者《じしゃ》、念仏を伝来したもうた諸大師等、総じては仏眼《ぶつげん》の照らしたもう全国土におわします一切の仏法僧につつしんで申しあげたてまつる。

この仏弟子は、たまたま須弥山《しゅみせん》南方のこの*閻浮提《えんぶだい》に、まことに受けがたい人身を受け、はてしない煩悩の海をただよう間に、まれなる西方浄土仏教の浮木《ふぼく》に出会いました。今この世にあって、祖師親鸞聖人の化導《けどう》により、法蔵菩薩が修行時代にお建《た》てになった根本の誓願を聞いたのであります。歓喜は胸にみち、渇仰の思いは肝に銘じております。それゆえにこそ、心から報いても報いるべきは大慈の仏恩であり、謝しても謝すべきは祖師の遺徳であります。それゆえに観音大士の頭上には、本師弥陀を安置したまい、大聖なる弥勒菩薩の宝冠には、釈迦の仏骨を頂いておられるのであります。私がたとえ万劫にわたって生きつづけようとも、仏恩の一端にも報いることはできません。ただひたすら弥陀のみ名と誓願とを念じて、そのご本懐に従うのみであります。今は浄土の教えの三つの徳をあげて、仏道を求める僧俗すべての男女《なんにょ》にすすめようと思います。

一つには真宗興行の徳をたたえ、

二つには本願相応の徳を嘆称し、

三つには滅後利益《りやく》の徳を述べます。

仏・法・僧の三宝《さんぼう》がこれを哀れんで、受け入れたもうことを伏して請います。

第一に、真宗興行の徳をたたえると申しますのは、祖師親鸞聖人の俗姓は後の長岡《ながおかの》丞相《じょうしょう》藤原内麿公の末孫であり、さきの皇太后宮の大進有範《だいしんありのり》卿の息男であらせられました。幼少のいにしえに父母の家を出て、比叡の峰の学僧に加わりたもうて以来、壮年にいたるまで、慈鎮和尚《じちんかしょう》を師範として顕密両宗の教法を習学されました。人里離れた草庵にあって天台の教理をうかがい、月を前にしては真言の観念をこらしておられたのでありました。つねに秀れた師に会っては仏法の奥義《おうぎ》を伝え聞き、広く諸宗を学んでは深い教理を究められたのであります。しかしながら、煩悩の世に惑溺する心は猿のようにいそがしく、愛着妄執の思いは膠《にかわ》のようにも固く取りつき、煩悩を断ち切る理法は愚鈍の身には成就しがたく、すみやかにさとりを得る手段も、末法の世に生まれた身には及びがたかったのであります。祖師はそれゆえに、この世を出離せんことをみ仏に求め、知識を神道に祈っておられたのでありますが、その間に、前世に為した善行の幸いなる報いがあって、本朝の念仏の元祖黒谷の法然上人に拝謁したてまつり、出離の要道について教えを受けられたのであります。法然上人は祖師親鸞聖人に浄土の一宗をさずけ、念仏の一行をお示しになったのであります。

それよりこのかた、祖師は聖道《しょうどう》難行の法門をさしおき、浄土易行の仏道に帰依して、たちまちにして自力の心を改め、ひたすら他力の願に身をゆだねられたのであります。みずから念仏を行じ他人を教化するにあたっては、道綽《どうしゃく》大師の遺誡をまもり、専修《せんじゅ》専念の念仏行にかんしては、善導大師の古風に従われたのであります。祖師の布教を見聞する僧侶も俗人も大いに喜び、遠きも近きも、すべての僧俗が祖師の教えによって発心したのであります。ここにおいて祖師は西方浄土の教文《きょうもん》を弘めようがため、はるか東国への遊行をくわだてられました。しばらく常陸《ひたち》国筑波山の北のほとりに逗留して、貴賤上下を問わず、末法の世にふさわしい浄土の教えを示されたのであります。はじめのころは疑い謗《そし》る者が瓦礫《がれき》や茨のようにも大勢いたとはいえ、ついに心を改めて念仏道に帰依した人びとは、稲や麻や竹や葦《あし》のようにも夥《おびただ》しかったのであります。すべてが邪見をひるがえして正しい信心を受け取り、偏見を捨てて弟子となりました。教えを受ける者たちは国外にあふれ、仏縁を結ぶ人びとは諸国にみちみちたのであります。教えを謗《そし》り、悪行をはたらく輩《やから》といえども、祖師の教えを聞けばさとりの花があざやかに開き、愚かで放逸の者といえども、祖師の諫《いさ》めを受ければ惑いの雲が晴れたのであります。これをたとえて言えば、木や石が擦《す》れあって火を生じ、瓦や礫《つぶて》が磨かれて玉となるような有様でした。祖師のわれらのための願いとその行ないは、まことに深奥《しんおう》かつ不可思議なるものがあります。今の世に念仏修行の教えはさまざまに伝えられておりますが、他力の真宗はまさにわが祖師の知識より興《おこ》るのであり、専修念仏の正行は遺弟《ゆいてい》たちの念仏の力によって繁昌するのであります。その流れを汲みほしつつ源をたずねれば、これはひとえに祖師親鸞聖人の徳であります。すべからく弥陀の名号をとなえて、師の恩に報いるべきであります。頌《じゅ》には次のように説かれております。

若非釈迦勧念仏《にゃくひしゃかかんねんぶつ》　弥陀浄土何由見《みだじょうとがゆけん》
心念香華遍供養《しんねんこうげへんくよう》　長時長劫報慈恩《じょうじじょうごうほうじおん》

（もしも釈尊が念仏をおすすめにならなければ、何によって弥陀の浄土にまみえられよう。心に香華を念じてあまねく供養し、長時長劫にわたって慈恩に報謝せよ）（『般舟讃《はんじゅさん》』）

念　仏

何期今日至宝国《がごこんにちしほうこく》　実是娑婆本師力《じつぜしゃばほんじりき》

若《にゃく》非《ひ》本《ほん》師《じ》知《ち》識《しき》勧《かん》　弥《み》陀《だ》浄《じょう》土《ど》云《うん》何《が》入《にゅう》

（この末法の世においては、どうして宝国にいたることを期待できよう。これはまことに娑婆に現われ出たもうた本師の力によるものである。もしも本師知識のすすめがなければどうして弥陀の浄土に入れよう）

（『般舟讃《はんじゅさん》』）

南《な》無《む》帰《き》命《みょう》頂《ちょう》礼《らい》尊《そん》重《じゅう》讃《さん》歎《だん》祖《そ》師《し》聖《しょう》霊《りょう》

（祖師の聖霊に南無し、帰命頂礼し、尊重讃歎したてまつる）

第二に本願相応の徳を嘆賞すると申しますのは、念仏修行の人は数多いとはいえ、これを専修《せんじゅ》専念する者ははなはだ稀《ま》れであります。ある者は弥陀も浄土もおのれの心中にあるという邪見におちいり、いたずらに浄土における正しいさとりをおとしめています。またある者は＊定善《じょうぜん》・散善の自力の心に惑って、弥陀の金剛の信心に昏《くら》いのです。しかるに祖師親鸞聖人は、弥陀の真心《まごころ》のこもる信心を頂戴して私のはからいを捨て、一切《いっさい》を成就したもう弥陀の誓願の海に、すみやかにおのれを委《ゆだ》ねられたのであります。弥陀を思い、その名をとなえつづけて、限りない光明の利益《りやく》のなかに、永遠に浸《ひた》されたもうたのであります。その身には信心の証拠が現われ出、人びとは奇特の姿に打たれたのでありました。それはかりか、祖師聖人は自分のもとを訪れる貴人にも賤民にも、もっぱら他力易行の要路をお示しになり、面接する僧侶にも俗人にもひたすら、善悪こもごもの凡夫がすべて浄土に生まれることができる原因を明らかにされたのであります。これは善導大師が仰せられた、「今の世の縁ある者たちにすすめて、誓って浄土に生まれさせることは、諸仏本願のおん心にかなっている」（『観経疏』定善義）というみ言葉にも、また、「大悲《だいひ》伝普化《でんふけ》、真成報仏恩《しんじょうほうぶつおん》（弥陀の大悲を伝えてあまねく教化するのは、真に仏恩に報じる行為である）」（『往生礼讃《おうじょうらいさん》』）というみ言葉にものっとった行ないであります。それゆえに祖師聖人が金剛の信心を発起して、ご自身が浄土に生まれる原因を獲得され、その上で本願にもとづく名号を流布《るふ》して、人びとの往生の利益《りやく》を助成されたことは、本願に相応した徳でありましょう。仏恩に報謝しきるおつとめでもありましょう。

祖師聖人はまた、つねに門徒にむかって、「弥陀の本願を信じる者も謗《そし》る者も、ともにそれが原因となって等しく往生浄土の縁を結ぶ」（『往生礼讃』）と仰せられておりました。これは何と正しいみ言葉でしょう。疑う者もかならずや信心を頂戴し、謗る者もついには情をひるがえすのであります。まことにこのみ言葉こそがみ仏のご意思にかなう教化であり、また広大最勝の利益をおさずけでくだされる師でもあります。時代も世相も悪なる末法の今、永劫《ようこう》無限に生死《しょうじ》の世界を流転《るてん》する者たちが、もしも聖人の勧化を受けなければ、どうして往生浄土という無上の大利益をさとれましょう。私たちは名刀にも等しい一声の念仏を放って、たちまちに無明《むみょう》の中に流転する苦の原因を断ち切り、かたじけなくも弥陀の慈悲の願船に乗せていただいて、*涅槃常楽《ねはんじょうらく》の彼岸にいたろうとするのです。私たちの智慧のおよばぬ弥陀の根本の誓願と、それについての釈尊の懇切なるお教えとを、私たちは仰ぎみないではいられません。すべてのみ仏が弥陀の本願の正しく成就したことを誠意をつくして証明され、祖師がいつくしみにみちて説き弘められたことに、私たちは帰依しないではいられません。この教えによっておのおのが弥陀の本願を心にたもち、名号《みょうごう》をとなえて、いよいよ釈迦・弥陀二尊のご慈悲にかなうべきであります。仏恩を頂戴し、師の徳をになって、一心のねんごろなる念仏をとなえるべきであります。頌《じゅ》には次のように説かれております。

世尊説法時将了《せそんせっぽうじしょうりょう》　慇懃付属弥陀名《おんごんふぞくみだみょう》
五濁増時多疑謗《ごじょくぞうじたぎほう》　道俗相嫌不用聞《どうぞくそうけんふようもん》

（世尊は最後の説法において、弥陀の名をねんごろに説きたもうた。しかるに今の五濁の悪世には、これを疑い謗《そし》る者が多く、僧侶も俗人もともにきらって聞こうともしない）（『法事讃』）

念　仏

万行之中為急要《まんぎょうしちゅういきゅうよう》　迅速無過浄土門《じんそくむかじょうどもん》
不但本師金口説《ふだんほんじこんくせつ》　十方諸仏共伝証《じっぽうしょぶつぐでんしょう》

（幾万の仏道修行のうちで、最も急要かつ迅速なるものは、浄土門にまさるものはない。ただ本師の金言《きんげん》の説法のみならず、全宇宙のみ仏たちが、あいともにこのことを伝えて証明しておられる）（『五会《ごえ》法事讃』）

南無《なむ》帰命《きみょう》頂礼《ちょうらい》尊重《そんじゅう》讃歎《さんだん》祖師《そし》聖霊《しょうりょう》

（祖師の聖霊に南無し、帰命頂礼し、尊重讃歎したてまつる）

第三に、滅後利益《りやく》の徳を述べると申しますのは、釈尊の教えの網は全宇宙をおおい、末法の世の苦海に沈む衆生をも救いたもうのでありますが、祖師聖人はその教えの慈雨を、あらゆる衆生に注いで、世を隔てて生きる煩悩惑溺の仏弟子たちをもうるおしたもうたのであります。そのご生涯は九十年にわたり、顕密の諸教について学ばれなかったものはありません。浄土の教えに入って布教を志されてからは六十年間、みずからも安心の境地に住み、教えを受ける人びとをも満足させられぬことはなかったのであります。聖人の周囲に、仏道を求める在家・出家の男女が群集する有様は、市場の賑《にぎ》わいに似ておりました。大乗・小乗の宗派に帰依していた人びとが、祖師の教えに帰依する有様は、風になびく草のようでもありました。祖師はついに晩年に、都に帰って草庵を結ばれました。そののち、過ぐる弘長二年壬戌《みずのえいぬ》十一月二十八日に、*念仏をとなえて命を終える業《ごう》の成就をはたし、以後の念仏によって、ただちに往生浄土する志をとげられたのであります。ああ、あの尊いお顔がおかくれになって、今はいずこにおわしましょう。

私が廟堂の給仕を勤めさせていただきますのも、没後幾十の月を隔てたあとのことであります。ご遺訓《ゆいくん》が絶えて、いかほどの歳月が流れたことでありましょう。すでに百余年の歳月が流れているのであります。しかし、その遺恩《ゆいおん》を重んじる門葉《もんよう》や、信心のためには命をものともせぬ末弟たちが、毎年のように千里の道も遠しとせず、雲の彼方の関所を越えて、奥州よりも歩みをはこんでくるのであります。万歩におよぶ険阻《けんそ》を越えて、諸国より群がり詣でてこられるのであります。廟堂にひざまずいては涙をぬぐい、遺骨を拝しては腸《はらわた》を断つ思いをしておられるのであります。祖師が亡くなられてはるかな歳月を経たとはいえ、詣でる者の絶え間はありません。祖師の恩顔はあわれに寂滅の煙に化したもうたとはいえ、ご影像は目の前にとどめられてあります。徳あるお声は悲しくも無常の風の彼方に去ったとはいえ、お説きになった言葉の数々は耳の底に残っております。聖人がえらんで残された書籍を万人がひもどいて、大勢が西方浄土に入っていきます。お弘めになった教えと行とは、弟子たちがこれを説き弘めて、辺境の群萠《ぐんもう》にも利益《りやく》をさずけているのであります。祖師聖人ご一流の繁昌は、ご在世のころにまさっております。その平生の教化のお姿を思い、それを喜び聞いていた衆生の姿を思えば、祖師聖人は常人でおわしまさなかったのであります。み仏が仮りにこの世に姿を現わされたのであります。それゆえに早くから阿弥陀仏の応現*とも、曇鸞和尚の権化《ごんけ》*とも称《とな》えられておられたのであります。すべては祖師が夢のなかでお告げを得られたり、幻のなかに奇瑞をご覧になったゆえであります。ましてや、祖師聖人はみずから親鸞と名のっておられました。これをもってしても、曇鸞和尚の化現《けげん》であらせられることは測り知られるのであります。それゆえにすなわち、祖師聖人が多年、念仏を修行されたゆえに、そして極楽へ往生されたゆえに、*宿命通《しゅくみょうつう》を身にそなえて、人びとが恩を知り徳に報いる志があることをかえりみ、方便の力をもってあらゆる衆生を導かれることはまちがいありません。願わくば、私たちは祖師聖人の弟子のちぎりを結んだ因縁によって、まず最初に浄土へ導きたもうという利益《りやく》を注いでいただきたいのであります。これを信じることによって、おのおのが弥陀の他力に帰依し、仏号をとなえましょう。頌《じゅ》には次のように説かれております。

身心毛孔皆得悟《しんしんもうくかいとくご》　菩薩聖衆皆充満《ぼさつしょうじゅかいじゅうまん》
自化神通入彼会《じけじんづうにゅうひえ》　憶本娑婆知識恩《おくほんしゃばちしきおん》

(私は身も心も、毛孔にいたるまですべてさとりを得た。菩薩や聖衆が充満している。みずから神通を得て、その仲間に入ることができたのは、もとを思えば、この世にお住まいの知識たちの恩である)(『般舟讃《はんじゅさん》』)

念　仏
直入弥陀大会中《じきにゅうみだだいえちゅう》　見仏荘厳無数億《けんぶつしょうごんむしゅおく》
三明六通皆具足《さんみょうろくつうかいぐそく》　憶我閻浮同行人《おくがえんぶどうぎょうにん》

（ただちに阿弥陀仏の大会衆《だいえしゅ》の中にはいり、数億の荘厳なる仏を見たてまつり、＊三明六通《さんみょうろくつう》のすべてを身にそなえて、わが閻浮提《えんぶだい》での同行人を思う）（『法事讃』）

南《な》無《む》帰《き》命《みょう》頂《ちょう》礼《らい》尊《そん》重《じゅう》讃《さん》歎《だん》祖《そ》師《し》聖《しょう》霊《りょう》

（祖師の聖霊に南無し、帰命頂礼し、尊重讃歎したてまつる）

南無帰命頂礼大《だい》慈《じ》大《だい》悲《ひ》釈《しゃ》迦《か》善《ぜん》逝《ぜい》

（大慈大悲の釈迦牟尼仏に南無し、帰命頂礼したてまつる）

南無帰命頂礼極楽《ごくらく》能化《のうけ》弥陀《みだ》如来《にょらい》

（極楽においてよく衆生を教化したもう阿弥陀仏に南無し、帰命頂礼したてまつる）

南無帰命頂礼六方《ろっぽう》証誠《しょうじょう》恒沙《ごうじゃ》世尊《せそん》

（弥陀の誓願の真実を証明したもう全宇宙の無数のみ仏たちに南無し、帰命頂礼したてまつる）

南無帰命頂礼三国《さんごく》伝来《でんらい》諸《しょ》大師《だいし》等《とう》

（三国に仏法を伝来したもうたもろもろの大師たちに南無し、帰命頂礼したてまつる）

南無自他《じた》法界《ほうかい》平等《びょうどう》利益《りやく》

（われらも衆生も平等に利益を得んことを願いたてまつる）

次に六種廻向等を読誦《どくじゅ》する。

歎徳文

たんどくもん

親鸞聖人の徳をたたえて宗義をあらわしたもの。報恩講の際に「式文」とともに諷誦《ふうじゅ》される。もと漢文。存覚上人が延文四年（一三五九）十一月、七十歳のとき、俊玄の請いによって著わし、貞治五年（一三六六）再治された。

親鸞聖人は西方浄土の教えの先達であり、末法の世に真宗を伝える明師であります。その博覧は仏教はおろか外典《げてん》にも及び、その修行は顕密の教えを兼ねておられます。初めは*俗典を習って切瑳《せっさ》されました。これは伯父日野宗業《むねなり》式部卿の学窓にあって、蛍雪の苦節を重ねられたのであります。後は天台宗にたずさわって研精されました。これは天台座主慈鎮《じちん》和尚の禅房にはべって、さまざまな英才や学徳に講義を受けられたのであります。それによって、天台*十乗三諦《じゅうじょうさんたい》の観念行をつづけられ、*百界千如の花を味わわれたのでした。

しかしある時、祖師は生死《しょうじ》出離の要路をおもんぱかって、次のように述懐されたのであります。「私は心を静めようとしても煩悩の波が騒ぎ、法界を観念しようとしても、迷いの雲にかきみだされる。しかし、今の世にさとりを開かなければ、永劫《ようこう》無限に流転《るてん》をくりかえすばかりであろう。どうして俗人に等しく名利をむさぼる山門の大衆にまざって、いたずらに名ばかりの学問に執着できよう。ただちに名誉や権勢を捨て、ただちに出離を願おう」と。しかし末法の世に生まれ出た者の凡慮はとどめがたく、祖師は近くは根本中堂の本尊に、遠くは諸方の霊山に詣でて、解脱《げだつ》の道を祈り、真実の教師を求められたのであります。ことに六角堂に足をはこび、百日の参籠を重ねられたところ、祖師は夜明けに救世《くせ》観音菩薩のお告げをまのあたり得られて、感涙にむせばれたのであります。ただちに黒谷の法然上人の吉水《よしみず》の禅室にいたって、初めて阿弥陀仏の浄土の奥義《おうぎ》に帰依されたのであります。

それからは浄土三部経や五人の祖師たちの深い教えを学び、法然上人の教えを誤ることなく学んで、聖道《しょうどう》・浄土の二法門の正否をよく判定して相続されたのであります。ここをもって仰ぎみるのは、「即得往生住不退転《そくとくおうじょうじゅうふたいてん》（即座に往生を得て、その境地より退転することがない）」（『大経』下巻）の教えであり、ふだんの生活のままで浄土に参れるという安心の境地にお住みになったのであります。お頼みするのは、「歓喜踊躍乃至一念《かんぎゆやくないしいちねん》（ひとたび信心を得て歓喜踊躍すれば）」という『大経』流通分《るづうぶん》のみ言葉であり、これが無上の大利をお授けくださる仏徳であります。祖師はこれによってみずから念仏を行じ、他人を教化する手段ともされたのであります。そのとき、大勢の貴人や賤民がうやまい礼拝して聞き入り、僧侶も俗人も、こぞって聖人の教えに帰依しようとしたのであります。

聖人はなかんずく一切経をひもどき、経典・戒律・論文・解釈の簡要をぬきだして六巻の文集を記し、『教行信証の文類《もんるい》』と名づけられたのであります。この書物に述べられている法義は、はなはだ深遠なるものがあります。煩悩を漏出する凡夫がどのような善行を為そうと、それでもってしては弥陀がつくりたもうた真実報土に到達できないことを決定しておられ、阿弥陀仏が衆生を救おうとされる真心のみが、勝《すぐ》れて妙《たえ》なる安養の極楽世界に私たちを生まれさせるものであることを、証明しておられるのであります。ことにみ仏の智慧を信じることと疑うこととの得失を明らかにして、報土と化土《けど》に往生することの、相違を感じることを判定しておられるのであります。

祖師は最初、*択瑛《ちゃくえい》法師の解釈にしたがい、仏道には*横竪《おうじゅ》二出があるとされていますが、のちに善導大師の教えをよく探って、*横竪二超との差を判別されたのであります。祖師は択瑛・善導の教えをあい助長して、この四種の出離の手段のいずれが仮りの教えであり、いずれが真実の教えであるかを判定し、いずれがすみやかに開悟にいたる道であり、いずれが遅い道であるかを区別されたのであります。他の学僧には、いまだこのような談義はありません。わが師一人が、これを弁《わきま》えられたのであります。また『愚禿鈔』という題の選文集もあります。同じく独自の見解を述べられたものであります。その文集の冒頭には、「賢き人の信心を承わって、愚禿の心中を明らかにします。賢き人の信心は、内は賢であり、外は愚であります。愚禿の心にあっては、内は愚であり、外は賢であります」とあります。この解釈は卑屈に謙遜しておられるようでありながら、反対の道理がふくまれております。内には広大な智慧の徳を秘めているとはいえ、名声が世に聞こえて、もてはやされることを嫌い、外には愚人の姿を現わして、身を百姓衆に等しくしようという願望が現われ出ているみ言葉であります。すなわち、ご自分がひそかに末世の凡夫の行状をお振舞いになり、そういう者こそが弥陀の本願にかなっていることを証明しておられるのであります。そればかりか『愚禿鈔』には、*二経《にきよう》に、四十二対の異を見い出し、*二機に、一十八対の別を現わしておられます。しかしこの『教行信証』『愚禿鈔』両者の内容について、くわしく述べることはできません。

さて、源空上人が浄土教を興《おこ》されたことにより罪に問われられたとき、親鸞聖人も高弟であったがために同じ罪に問われ、都の幽居を出て、北陸の遠境に配流されたもうたのでありました。その間、日月はくりかえし輪転し、寒暑は幾度も交替したのですが、その間に浄土の教えを謗《そし》った驕慢《きようまん》のともがらが、邪見をひるがえして浄土の教えの正しさを知るようになりました。弥陀の本願を信じられぬ儜弱《にゆうにやく》（柔弱）下劣の輩《やから》の卑怯を公開して、本願に身をゆだねるようになったのであります。貴人も賤民も弥陀に帰依して合掌し、都でも田舎でも教えは弘まっていったのであります。ついに朝廷も流罪を勅免し、都へ帰れる運が、ふたたび開けたのであります。そののち、祖師が都で九十年の生涯の終わりを迎えられ、西方十万億土の彼方で涅槃《ねはん》の仏果を得られてよりこのかた、どれだけの歳月が流れたことでありましょう。

当本願寺では、年忌月忌《がっき》のたびの報恩のつとめを怠ることなく、数百里の山川をへだてた遠国からも、近国からも大勢の弟子たちが参詣しております。これはしかし、祖師聖人の布教がみ仏のみ心にかなったゆえでありましょう。また、人びとがさとりを開いてゆく根が熟したからでもありましょう。

およそ祖師聖人の業績については、『報恩講式』三段の文章が十分にほめたたえてあります。しかし聖人の徳をたたえて尽きるものではなく、それゆえに私も一千語の讃嘆の文字を書きくわえて、百万分の一の報謝の意を表わしたいのであります。祖師聖人はきっと極楽浄土にお住まいになりつつも、この私たちの報恩講をご覧になっておられて、浄土の法座の上に坐っておられるお姿の影を、この場に投げかけておられることでありましょう。祖師聖人はきっと内にも外にも荘厳なみ仏の姿をたもち、一切《いっさい》衆生を救おうとする慈悲の智慧をきわめておられることでありましょう。私はかさねて乞い求めます、仏閣の基礎《いしずえ》が固くして、はるか弥勒三会《さんえ》*の暁まで保たれ、法の流れは遠く、あらゆる迷える衆生をうるおすことを。うやまって申し上げます。

御俗姓

ごぞくしょう

蓮如上人六十三歳、文明九年冬に書かれた御文《おふみ》である。文首に「夫祖師聖人の俗姓をいへば」とあるから、このように名付けるが、親鸞聖人の伝記を綴《つづ》ったものではなく、他の数ある報恩講の『御文』と同じ意図で作られたものである。

祖師親鸞聖人の俗姓を言えば、藤原氏であって、後の長岡丞相内麻呂公の末孫、皇太后宮の大進有範《だいしんありのり》の子息である。また、そのご本地《ほんじ》をさぐれば、阿弥陀仏の化身《けしん》と称せられ、あるいは曇鸞《どんらん》大師の再誕とも言われる。それゆえにすなわち、生まれて九歳の春のころ、慈鎮《じちん》和尚の門人につらなり、出家得度して、その名を範宴《はんえん》少納言の公と称した。それよりこのかた、楞厳横川《りょうごんよかわ》の末流を伝えて天台宗の*碩学《せきがく》となりたもうた。その後二十九歳の年に、初めて源空上人の*禅室に参り、高弟となりたもうた。真宗の一流を汲んで*専修《せんじゅ》専念の義をたて、凡人がすみやかに浄土に入るための真実信心を現わし、在家にとどまる愚かな者たちを教えて、報土への往生をおすすめになったのである。

　そもそも今月二十八日は、祖師聖人が*遷化《せんげ》したもうたご正忌《しょうき》である。平生から教えに親しむ者であれ疎遠な者であれ、古今の念仏者として、毎年おとずれるこの日が、ご正忌であることを心得ぬ者はいない。それゆえ当本願寺流におのれの名を寄せ、その信心を獲得した者であって、このご正忌に報恩謝徳の志を運ばぬ者は、まことにもって木石に等しい者である。祖師聖人のご恩徳の深さは、須弥山《しゅみせん》の頂きをも、海底の深さをも超えるものである。報いずにはいられず、謝せずにはいられぬものである。それゆえに、毎年の行事として、一七箇日《いちしちかにち》のあいだ、定められた作法にしたがって、報恩謝徳のために無二の勤行をつとめるのである。この七日間の報恩講のみぎりにあたって、門弟たちは諸国諸郡より来集するのであり、今の世においてもなおざりにする者はいない。とはいえ、いまだ安心《あんじん》を得ておらぬ者が、どうして報恩謝徳の意味を知りえよう。このような者たちは、この報恩講につどうて、仏法の信・不信をたずねあい、よく聴聞してまことの信心を決定《けつじょう》するべきである。まことにまことに、真実信心の獲得こそが、祖師聖人に報謝する志にふさわしい。

悲しいかな、祖師聖人のご往生の年ははるかにへだたり、年忌はすでに百余年の星霜を送っている。しかしご遺訓《ゆいくん》はますます盛んに弘まって、教行信証の名も教えも、今の世にも眼前にあらわれて人の口にのぼされている。尊ぶべきであり、信じるべきである。しかしながら、今の真宗の行者のなかに、真実信心を獲得した者は少ない。ただ人目につくときだけ、よい評判を得ようとする心をもって報恩謝徳と言うのであれば、どのような金品を寺に差し出そうと、ふたごころなく弥陀に信順するまことの信心を決定しておらぬ人びとは、何の甲斐もないのである。これはまことに、水に入って垢落ちずと言うべき人びとであろうか。それゆえに、この一七箇日《いちしちかにち》の報恩講において、他力本願の道理をねんごろに聞いて心を開き、一向専修《せんじゅ》の念仏者になるにいたるとすれば、まことに今月の聖人のご正忌《しょうき》の素意にかなうであろう。これがまことにまことに報恩謝徳のご仏事となるべきものである。あなかしこあなかしこ。

文明九年十一月初めのころ、にわかに報恩謝徳のために、これをしたためるものなり。

解説

親鸞思想の継承者たち——その革命性と保守性

一　『歎異抄』の革命性と保守性

いずれの行もおよびがたき身なれば、とても地獄は一定《いちじょう》すみかぞかし（第二条）

善人なおもちて往生をとぐ。いはんや悪人をや（第三条）

親鸞は父母《ぶも》の孝養《きょうよう》のためとて、一返にても念仏まうしたること、いまださふらはず。そのゆへは一切の有情《うじょう》は、みなもて世《せ》々生《しょう》々の父母《ぶも》兄弟なり（第五条）

親鸞は弟子一人ももたずさふらふ（第六条）

念仏者は無礙《むげ》の一道なり（第七条）

念仏は行者《ぎょうじゃ》のために非行《ひぎょう》非善《ひぜん》なり（第八条）

念仏には無義《むぎ》をもて義とす（第十条）

わが心のよくて、ころさぬにはあらず（第十三条）

一向専修《せんじゅ》のひとにをひては、廻心《えしん》といふこと、ただひとたびあるべし（第十六条）

弥陀の五劫思惟《ごこうしゆい》の願《がん》をよくよく案ずればひとへに親鸞一人《いちにん》がためなりけり（あとがき）

上人のおほせには〝善悪の二《ふたつ》、惣《そう》じてもて存知《ぞんち》せざるなり。そのゆへは、如来の御意《おんこころ》によしとおぼしめすほどにしりとをしたらばこそ、善《よき》をしりたるにてもあらめ、如来のあしとおぼしめすほどにしりとをしたらばこそ、悪《あしき》をしりたるにてもあらめど、煩悩具足《ぼんのうぐそく》の凡夫、火宅《かたく》無常の世界は、よろづのこと、みなもて、そらごとたわごと、実《まこと》あることなきに、ただ念仏のみぞまことにておはします〟とこそおほせさふらひしか（あとがき）

親鸞といえば『歎異抄』であり、『歎異抄』といえば親鸞である。両者の名前は今日、中学生の脳裡にあっても分かちがたく結びついている。また、この小著を通読したことがない現代日本人の大半も、右に抜き書きした有名な言葉のいくつかには触れたことがあって、深浅の差はあれ、何らかの衝撃を受けているのである。

『歎異抄』をそのように、日本宗教思想史上の古典中の古典としている第一の理由は、右の抜き書きにも見られる表現の衝撃性、言いかえれば、詩的に結晶した言葉が放っている、逆説の輝きにある。

たとえば私たちのだれに、冒頭の抜き書きに見られる、「とても地獄は一定《いちじょう》すみかぞかし」という覚悟があるだろう？　仏教思想は今日の日本人の心にあって、ほとんど形骸化してしまっている。とはいえ、地獄にたいする恐怖はなお共通の感情である。地獄堕《お》ちをまぬがれたいという常識的な恐怖にたいしても、親鸞のこの覚悟は、それを覆《くつが》えす衝撃をあたえざるをえない。

　私たちは仏道を歩まないかぎり、地獄・餓鬼・畜生・修羅・人間・天上の六界（六道ともいう）を、永劫無限に生々流転するというのが仏教の生命観である。私たちは煩悩（我欲）を原因として六道輪廻《りんね》をつづけるのであって、欲望の苦しみのみのあつまる所が地獄界であり、楽しみのみのあつまる所が天上界である。その天上界をもふくめて、六道輪廻の一切を悪と総合判定するのが仏教の価値観である。輪廻の解脱《げだつ》（成仏）が仏教者の当為である。私たちが成仏にいたる道は、八万四千と言われるほどにも四通八達《しつうはったつ》している。なかで最も容易なものが、親鸞や唯円《ゆいえん》が本書で私たちに薦《すす》めている念仏である。ところで、念仏にたいする私たち自身の信仰の有無はさておき、この一事によって私たちを死後に往生浄土せしめ、そこにおいて成仏せしめたもう阿弥陀仏は、悪人をこそ救済の対象としておられると、第三条は主張している。

　これもまた、私たちの常識を覆えす逆説である。仏教には因果思想があって、善をおこなう者はそれを原因として善い果報を得、悪をおこなう者は悪い果報を得るとされる。だから法然や親鸞以前の浄土教においても、定善行《じょうぜん》や散善行をおこなう善人が浄土へ往生して成仏するのであり、悪人は地獄へ堕ちるのでなければならなかった。ところが『歎異抄』の著者と目される唯円は、先師親鸞から、いかなる善行をもおこないえない悪人こそが、念仏によって、極楽浄土の中心である、蓮の華の咲きみちる真実報土《しんじつほうど》へ迎えられると、教えられたと主張する。真実報土とは、阿弥陀仏がおんみずからの仏道修行の果報として建設された、真実の仏国土という意味である。

反対に善人は、極楽浄土へ迎えられたところで、蓮の蕾さえも生いでておらぬ辺地《へんじ》懈慢《けまん》界に収容されるのみであると断じられる。懈慢には、懈怠《けだい》・傲慢《ごうまん》の二つの意味がある。だから、私たちが往生浄土をねがって努めはげむ定善・散善などのおこないはかえって怠惰であり、無為にひとしい無駄であって、人間の傲慢な恣意《しい》にすぎないという逆説も、ここには含まれている。

親鸞自身の、このような確信についてのくわしい説明は、第四巻までの解説でおこなわれる。ここではただ、『歎異抄』が私たちにあたえる衝撃の内側へすこしく入ってゆくために、ここで用いられている善悪という言葉の意味には、私たちの常識と相違があることに注意しておきたい。

ここで言われている悪人とは、まず第一に、前世において有効な仏道修行をおこないえなかった者、という意味である。それは、私たちがいま現に人間として六道の一環を生きているという事実が、同時に、私たちが前世において成仏できなかったという事実を意味しているからである。そしてこの事実が同時に、私たちが無限にへめぐってきた前世において、いくたびも尊いみ仏たちと会い、慈悲をこめて仏道を教わり、行じるよう薦められたにもかかわらず、あえて学ぼうとも、行じようともしなかったという事実をも意味する。

ことを浄土教にかぎって言えば、阿弥陀仏が成仏して極楽浄土を創りたもうて以来、すでに十劫（無限の十倍！）を経ていると説かれている。如来はだから、はるか十劫の昔から、悪人をこそ往生せしめたもう本願をも、衆生のために手段をつくして説き、これを信じて念仏するよう薦めつづけてこられたのである。私たちはだから前世において、いくたびも弥陀の本願（根本の誓願という意味である）に出会っている。にもかかわらず、私たち自身に信じる能力がないために、今も輪廻の一環をいたずらにさまよい、苦しみつづけていると判定されるのである。

すなわち、私たちは前世において有効な仏道修行をおこないえず、だから今の世にも人間として生まれでているという意味で、だれもが生まれながらの悪人なのである。ことを浄土教に限定すれば、私たちは弥陀の大いなる善行である本願を信じる能力がないという意味で、ひとしなみに愚痴無知《ぐちむち》の悪人なのである。しかも私たちは今の世においても、何らの仏道修行をおこないえず、煩悩に支配されるばかりの生活をつづけているという意味で、二重の悪人なのである。

反対に、ここで用いられている善人とは、まず第一に、せめて今の世を最後に六道輪廻を離れようと志して、自力の仏道修行にはげむ人びとを意味する。仏教においては六道輪廻の原因である煩悩が根本の悪であり、煩悩の絶滅ないしは輪廻の解脱が、根本の善である。先にふれた定善行とは簡単にいって、禅定《ぜんじょう》（心の統一）を基本とする出家者の仏道修行を意味する。浄土教においては『観経』に説かれているように、弥陀の仏身や仏国土を、心を統一して観察する行為が定善行である。散善行とは簡単にいって、在家人もおこないうる、心を散乱させたままでする通常の善行を意味する。日常の善行もまた、仏道修行でありうる。しかしながら弥陀の本願は、それをすらおこないえない悪人の成仏のために発願《ほつがん》されている。自力によっては何らの善行をおこないえず、だから、他力（他者の善行＝悪人を成仏させようとする阿弥陀仏の善行）にすがらざるをえない悪人をこそ、弥陀は救うてやろうと思し召しておられる。それゆえに、

善人なおもちて往生をとぐ。いはんや悪人をや

という常識にとっての逆説が、本願を拝受した者にとっては正説である。ただし、逆説が正説となるためには、信心の獲得という心の革命（廻心《えしん》）がなければならない。それは親鸞によれば、何を信じる能力もない愚痴無知のおのれが、信心そのものを阿弥陀仏から、その勅命にしたがって拝受するという心の革命である。それは、おのれの能力（自力）でもって仏道を成就できるとする傲慢な自負が、根底から打ちくだかれるばかりか、もともと濁悪《じょくあく》邪見なる自分には、何を信じる能力もないことを徹視するにいたるまでの、深い実存洞察をふくむ内的革命である。

親鸞自身は二十九歳の年に自力の仏道修行に絶望して、「よきひと（妙好人《みょうこうにん》＝弥陀の本願を信じて念仏する人）」法然の教えに接した時に、この内的革命をとげて、自分の能力を何ら根拠としていない信心（無根《むこん》の信と言われる）の持ち主となった。その過程は第四巻の解説で語られるが、『歎異抄』のなかでもおそらく最も有名な右の第三条の言葉には、この、無根の信の拝受という内的革命をとげた者が告白する、逆説の輝きがみなぎっている。

それは、親鸞自身の文章には見られないほどの輝きである。逆説とは情熱であるというのは、私自身も共感するキルケゴールの言葉である。唯円は、のちにみずから『歎異抄』に書きとどめる親鸞の信仰告白を、感動しながら聞いている。おのれの常識を根底から覆えされるほどの衝撃を受けながら聞いていたのであって、唯円はその衝撃を、そのまま文体にみなぎらせたことによって、『歎異抄』を親鸞思想の感動的な入門書とも、稀有《けう》の文学作品ともしているのである。

当の親鸞は唯円にむかって、情熱をこめて語ってはいない。輝きとは、それを見る者にとっての輝きである。親鸞自身は、無根の信のなかに安住していて平静である。唯円が関東からはるばる京都へ聞法《もんぼう》にきたとき、親鸞はすでに八十歳前後に達していた。平静さ、すなわち理性性が、弥陀の本願のなかで老成していった親鸞自身の文体の、第一の特徴である。

親鸞は父母《ぶも》の孝養《きょうよう》のためとて、一返にても念仏まうしたること、いまださふらはず

この言葉ではじまる第五条にも、祖先崇拝を一つの救済原理として生きてきた日本人の、常識を覆えす逆説が説かれている。

祖先崇拝にはさまざまな意義があるが、ここでは、これを一つの基礎として成立している、家《いえ》中心の人生観に注目したい。たとえば花嫁が嫁ぎ先に入ると、まず仏壇に祀られている祖霊に礼拝させられるのは、今日でもつよく残存している習俗である。この一事にも見られるように、結婚とは個人の結合ではなく、家の結合であるというのが、日本人にあっても伝統的な観念であった。その家観念の中心に、祖霊の観念がある。花嫁は婚家の祖霊への服従と奉仕を誓うことによって、新しい家の一員となったことを承認される。そして夫婦ともども家に奉仕するのであって、日本人が古くからこういう家中心主義によって生き、家門の繁栄や名誉のために、一身を犠牲にしてきたことは言うまでもない。そして自分の祖先を、より正確にいえば、自分の祖先だけを追善供養《ついぜんくよう》する仏教儀礼も、この家中心主義を補強してきたのである。

親鸞はそれにたいし、右のように主張することによって、家という組織のエゴイズムから、個

人を解放して自立させている。しかも、「そのゆえは一切の有情《うじょう》は、みなもて世々《せせ》生々《しょうしょう》の父母《ぶも》兄弟なり」と説くことによって、家中心主義から脱出した個人の精神を、仏教本来の世界主義ないしは博愛主義へ発展せしめているのである。

ここで語られている「有情」は「衆生」とおなじ意味であって、六道輪廻する一切の生命を指している。なかにはむろん、私たちといま現に、ともに生きている鳥獣虫魚も含まれている。そのすべてが、いずれかの前世において、あるいは私たちを養育してくれた父母の生まれ変わりであり、あるいは私たちが愛育した子孫の生まれ変わりであり、あるいは苦楽をともにしてきた兄弟姉妹の生まれ変わりである。この事実を直視するにいたる仏教的視野を獲得すれば、家中心のエゴイズムを支える祖先崇拝思想は、崩壊せざるをえない。仏教徒は、人間どころかすべての生命を、平等に慈《いつく》しまざるをえないのである。ちなみに、仏教の菜食主義は、ヒンズー教やジャイナ教と同様、この輪廻の思想に由来している。植物は「有情」のなかに加えられないからである。

唯円は親鸞が関東に生みだした、いわゆる原始親鸞教団の指導者の一人である。この教団に属していた門徒たちが、どのような宗教文化を生きていたかは審《つまびら》かではない。原始親鸞教団はきわめて弱体であった。持続も発展もしなかったために史料がとぼしく、だから実態を解明できないのであるが、教団がこの第五条に見られるように、日本人古来の祖先崇拝思想と尖鋭に対立し、これを否定しようとする文化革命性をそなえていたことは、わずかに残る史料から推察されている。門徒たちは他宗派の信者のように、墓所に卒塔婆《そとうば》を立てようとしなかった。彼らは他のさまざまな伝統的禁忌《タブー》をも大胆に打破して、仏前で飲酒肉食から乱交にまでおよび、煩悩具足の凡夫をこそ救いたもう弥陀の本願を礼讃していたことも推察されている。

その詳細については、やはり第四巻の解説で説明される。ここでは、原始親鸞教団のこの文化革命性が、時代の文化からみてあまりに過激であったことが、教団がくりかえし弾圧され、発展できず、やがては時代の文化のなかに呑みこまれて消えていった理由であることに、注意しておきたい。祖先崇拝のエゴイズムは言うまでもなく、今日の日本人の精神のなかにも、脈々と生きつづけている。

私はここでは第五条にかんしても、この条におもての意味（顕《けん》という）である文化革命性よりも、うらの意味（隠《おん》という）となっている、個人の魂の革命性のほうに注目したい。個人の内的革命が成就してはじめて、文化という人間関係の革命が成就する。親鸞思想が抱懐するその内的革命へのうながしが、この条にも含まれている。

既存の浄土教徒もまた祖先崇拝思想にのっとり、念仏を廻向《えこう》して両親の成仏をも祈ってきたのである。親鸞や唯円はそれにたいし、第五条においても、念仏は自己自身の救済のためにのみ称《とな》えるものであると主張している。念仏はただただ主体的な行為である。私たちが亡き父母の成仏を祈って念仏したところで、彼らの往生浄土の原因にならない。彼ら自身が会いがたい弥陀の本願に出会って、そしてその時に、これを拝受して念仏するかしないかという選択のみが、彼らの往生浄土と六道輪廻の分かれ道である。

私はさきほど、親鸞思想の博愛主義について語った。しかしこれが、自分の両親だけではなく、六道を輪廻する一切の生命の成仏のために念仏を廻向するといったような、皮相な世界主義を意味するものではないことは、この条の全文を読んだだけでも明らかである。「わがちからにてはげむ善にてもさふらはばこそ、念仏を廻向して、父母をもたすけさふらはめ」。ところが念仏行は、はじめに抜き書きした第八条の断定に見られるように、私たち自身の行為でなければ善行でもない。みずからそれを称える者を往生浄土せしめたもうという、阿弥陀仏お一方にのみ実践できて、現に実践しておられる善行なのである。私たちはかかる念仏にすがるよりほかに、六道輪廻を解脱できない悪人であるという意味で、一切の有情《うじょう》が平等に父母であり兄弟姉妹である。

私は第五条を読むと、『恵信尼消息』第五通が語っている、親鸞自身の念仏による自己革命の姿を連想する。これも第四巻の解説で詳述されるが、まず親鸞の生涯は、無残なばかりの飢饉と戦乱の連続であった。親鸞は終生、路傍にさらされる屍《しかばね》を見つづけてきたのであるが、彼が越後から関東へ移住した建保《けんぽ》二年（一二一四、数え年四十二歳）も飢饉であった。そして先の消息によれば、親鸞もまた旅の途中で、むなしく輪廻転生《てんしょう》してゆくばかりの死者たちを見るに見かねて、供養のために『大経』を千度読もうと思いたったのである。

親鸞はしかしその途中で、「これは何事ぞ」と顧みる。彼が法然を通じて学んだ唐の善導の教えにあるように、「みずから信じ、人を教えて信ぜしむること」が、「まことの仏恩を報いたてまつるもの」というのが、弥陀の本願が私たちに廻向してくだされている信心であった。そのように信じながら、「名号《みょうごう》のほかには何事の不足にて、かならず経を読まんとするや」と親鸞は顧み、読経を中止したのである。

「名号のほかには何事の不足にて」と顧みた時、眼前に散らばる屍は親鸞の眼に、どのように映っていただろう？　そのある者は生前に名号（念仏）をとなえていて、その結果、すでにして極楽浄土へおもむいている。となえなかった者はその結果、弥陀の本願を聞くべくして聞かなかった自己自身の責任によって、すでにして輪廻転生している。いずれもが弥陀のおんはからいであると顧みた時に親鸞は、弥陀の本願とは、いま現に生きてそれを聞いている自己自身のみの問題であったことを、再確認したのである。「みずから信じること」、すなわち、念仏者としての主体性を確立することが、親鸞にあっては最初にして最後のことであった。弥陀の本願のこの究極の拝受は、親鸞にあっては、「弥陀の五劫思惟《しゅい》の願《がん》をよくよく案ずればひとへに親鸞一人がためなりけり」（あとがき）と告白されるほどにも、孤立のさなかの出会いであった。他人の事など眼中に入りえない。

そして、孤立のさなかで命を革《あらた》め、念仏者として自立したあとで親鸞は、いま現に生きている「人を教えて信ぜしめ」、自分とひとしい念仏者・自由人に育てあげるために、布教への旅を進めたのである。

私は第五条の「隠」の意味を、このように解釈している。親鸞はつねに私たちに、「あなただけが弥陀の本願を拝受しなさい」と薦めている。測り知られざる、無限の彼方より廻向されている弥陀の本願にのみ帰依して、無根の信を拝受し、死後の成仏を確信して安心して生き、他の何ものにも、すなわち地上の一切の権威にも権力にも、服従も依存もしないということが、親鸞思想が開示する人間の自由である。

親鸞思想は、念仏絶対主義の一語に要約できる。念仏者が献身するのは念仏のみであって、他の何ものにも献身するべき道理をみとめない。

冒頭に列記した抜き書きの最後のものは、「世間虚仮《こけ》・唯《ゆい》念仏是真《ぜしん》」という親鸞の確信の敷衍《ふえん》である。念仏以外の仏道修行をもふくめて、世俗の行為の一切が虚仮と判定されている。それは濁悪邪見心（悪に濁り邪《よこし》まな見解にみちた心）のあつまりにすぎない六道輪廻の世界に、真実のことが起こるはずがないからであるが、虚仮なるものが献身の対象になるはずもない。同時に、虚仮なる一切の権威にも権力にも禁忌にも支配される道理がないという意味で、念仏者は何の障害もない一筋の道（無礙《むげ》の一道）を、自由に歩みつづけるのである。

しかも、唯一絶対の献身の対象である念仏行も、親鸞においては、ただ一度の「南無阿弥陀仏」とか、「帰命尽十方《きみようじんじつぽう》無礙《むげ》光如来《こうによらい》」とかいう称名《しようみよう》（口にだして称《とな》えること）で、すでにして事足りている。いや、『歎異抄』第一条が説いているように、あえて口にだすまでもなく、「弥陀の誓願不思議にたすけられまいらせて、往生をばとぐるなりと信じて念仏まうさんとおもひたつ心のおこる」だけで、すでにして事足りているのである。親鸞思想はそのように徹底的に無倫理であり、無戒律であることによって、まさに、何によっても規制されることもない人間の自由を開示している。

弥陀の本願のみを拝受して、このような無礙の一道を歩みだした人びとの、何らかの共同行為が、御同朋《おんどうぼう》とも御同行《おんどうぎょう》とも言われる念仏者の共同体を地上に生みだすはずである。自由主義、平等主義、合理主義という、私たちに最も望ましい三要素の生き方が、この共同体の根幹となるはずである。ただしこの共同体の具体像は、原始親鸞教団をはじめ、いかなる既成の真宗教団をさぐっても、見られるものではない。この共同体はたぶん、私たち自身がたとえば『歎異抄』を読んで感動する、その感動という心境のなかに、わずかな萠芽が見られる程度のものである。それは、私たちが親鸞に学んで獲得する、内なる自由主義や平等主義や合理主義が、ひとたび外へ実現にむかえば、たちまち虚妄に覆われてしまうことが、親鸞自身も「世間虚仮」と熟知していた、人間存在の矛盾であるゆえである。

親鸞が関東に生みだした教団の実態を想像してみよう。門徒たちがつどう道場は、覚如が『改邪鈔』に書きとどめているように、一般の民屋《みんおく》をすこし大きくした程度のものであって、聖道門《しょうどうもん》の寺院のように立派な堂塔をそなえていない。門徒たちはそこにつどうて、親鸞が説く絶対他力の意味において念仏をとなえる。彼らはその心境においてのみ、自由であり平等であり、合理主義精神の持ち主でありえた。一歩道場の外へでれば、そこは家の子郎党が一丸となって生きなければならぬ大家族主義の世界である。念仏者の個人主義ないし自由主義がそこで実現できるはずはない。外の世界はまた、親鸞の妻恵信尼自身が、奴原《やっぱら》とか譜代下人《ふだいのげにん》とか呼ばれる家内奴隷を所有していた階級社会である。念仏者の平等主義ないし博愛主義が実現されるべくもない。彼らの自由も平等も、所詮は死後に極楽浄土で実現されるものであって、生前は心境にとどまるよりほかはなかった。

親鸞思想の合理主義は、現実には現世利益《げんぜりやく》信仰の迷信や呪術の否定にみられる。門徒たちの心も迷信の禁忌の呪縛から解放されるのであって、私はこの合理主義の実現が、親鸞思想およびそれを体して生きた真宗教団の、日本人の精神史上における最大の功績であったとみなしている。今も大多数の日本人の精神が、ことあれば諸神諸霊諸仏菩薩に現世利益を祈願したがる迷信の巣窟であることを顧みれば、この功績の絶大さが知られる。真宗教団のなかの最大宗派である本願寺教団も、つとに第八代蓮如（一四一五―一四九九）の時代に、宗憲によって現世利益のための祈禱を停止している。

親鸞思想の合理主義は、教義の面でも明らかに見られる。くわしくは、第二巻の解説で語られるが、それは弥陀の本願にたいする信を根本の原理として、数学のようにもあざやかに、先験的、演繹的に展開されている。私たちはしかし親鸞の教義が、六道輪廻から極楽浄土にいたる仏道という、架空の事柄について展開されているがゆえに、合理主義的でありえたということに注意しなければならない。反対からいえば親鸞思想も一般の浄土教学も、いや、およそ仏教理論そのものも、現実世界の分析に役立つものではない。仏教理論は現実世界を厳密に分析しようとすればするほど、以下に示す『歎異抄』第十三条のように、荒唐無稽と化するのみである。

親鸞は唯円にむかって

念仏には無義をもて義とす

とも、

煩悩具足《ぼんのうぐそく》の凡夫、火宅無常の世界は、よろずのこと、みなもて、そらごとたわごと、実《まこと》あることなきに、ただ念仏のみぞまことにておはします

とも説いていた。こういう親鸞自身は、仏教理論のこの限界をよく知っていたはずである。親鸞は、唯一真実なる念仏の教えが、虚仮なる煩悩具足の凡夫や火宅無常の世界の分析にまで、展開できるはずもないことをよく知っていたので、たとえば唯円が親鸞の名において説く第十三条の宿業理論を、みずからは説いたことがない。親鸞は、みずからの求道の生涯すらも虚仮とみなしていたので、詳細に語る必要をみとめなかった謙虚な人である。穢土《えど》を厭離《おんり》するべき仏道のみを説こうとした。阿弥陀仏の絶大の慈悲と、私たちの、その受けとり方についてだけ語ろうとした。その態度は、死後のことについて何も語ろうとせず、苦を滅すべき道のみを説いた釈尊と似ている。いっぽう、唯円には、現実世界の解明を避けたことによって合理的でも純粋でもありえた親鸞教学を、あやまって現実分析へ展開しようとした傾向がある。

親鸞思想と唯円思想の間には、いくぶんの乖離《かいり》があるのである。親鸞思想からの異端を歎く『歎異抄』自体に、異端性が見られるのである。これはすでに大勢の研究者によって指摘されている事柄であるが、私もこの問題について、私見を述べておきたい。

親鸞思想と唯円思想との乖離は、「わが心のよくて、ころさぬにはあらず」という有名な一行がふくまれている第十三条に、明らかに見られる。

弥陀の本願不思議におはしませばとて、悪をおそれざるは、また、本願ぼこりとて、往生かなふべからずといふこと。この条、本願を疑ふ善悪の宿業をこころゑざるなり。よきこころのおこるも、宿善のもよほすゆへなり。悪事《あしきこと》のおもはれせらるるも悪業のはからふゆへなり。故《こ》上人の仰《おおせ》には卯毛羊毛《うのけひつじのけ》のさきにゐるちりばかりもつくるつみの、宿業にあらずといふことなしとしるべし、とさふらひき。

第十三条は右の主張ではじまっている。親鸞思想と唯円思想の異同をくわしく解明しようとした石田瑞麿《みずまろ》氏の『歎異抄―その批判的考察―』（春秋社刊）はこれを取り上げて、

説くところは、卯の毛や羊の毛に積もる塵（『倶舎論《くしやろん》』巻一二によれば、水に浮かぶ塵が七つ集まって卯《うさぎ》の毛に積もる塵となり、卯の毛に積もる塵が七つ集まって羊の毛に積もる塵になる、という）ほどの僅かな現世の罪悪行為もすべて前世に犯した業（行為）の結果に外ならない、ということである。したがって、現世の行為が過去の行為の果として、がんじがらめになっているわけで、そうとすれば、そこにはこれを突きやぶる行為の自由はない。いわゆる士用《しゆう》の因果といわれる努力の余地はないことになる。すべては運命とあきらめ、宿命と甘んずるよりほかに道はない。（一九八頁以下）

と、唯円の宿業思想の限界を指摘している。

唯円のこの宿業思想は、同条の後半では、

さればとて、身にそなへざらん悪業《あくごう》は、よもつくられさふらはじものを。また、うみかはに、あみをひき、つりをして、世をわたるものも、野やまに、ししをかり、鳥をとりて、いのちをつぐともがらも、あきなひをもし、田畠をつくりてすぐる人も、ただをなじことなり、と。さるべき業縁のもよほせば、いかなるふるまひもすべしとこそ、聖人《しょうにん》はおほせさふらひしに……。

と展開している。

唯円が本条で主張しているのは、実は、悪人を念仏道場から排除するべきではないという、弥陀の本願にもとづく博愛主義である。しかしながら唯円は、平等主義を説くその論旨の展開にさいして、親鸞自身が説いたことがない不平等な宿業観を、親鸞に権威づけて説いている。

これは今日の被差別部落問題にかんしても、現に重大な影響をおよぼしている論旨である。というのは、もしも私たちが漁師や猟師に生まれて仏教が禁じる殺生の罪を犯したり、あるいは商人に生まれて酒に水をまぜて売り、仏教が禁じる妄語の罪を犯したりすることが（両者をあわせて屠沽《とこ》の下類《げるい》と呼ばれ、これは親鸞自身の『唯信鈔文意《ゆいしんしょうもんい》』の用語である）、私たちが前世において犯した悪行の報いであるとすれば、被差別部落民という屠の下類もまた、宿業の報いとして生まれているのであって、如何ともしがたい宿命である、ということになるからである。これは部落差別を是認し助長する思想であり、部落解放運動に敵対する思想である。真宗僧侶のなかには現に、戦後において、被差別部落民にこの宿業思想による、現世におけるあきらめと、死後の救済とを説いて、批判を浴びた人びとがいる。

親鸞自身の著作に宿業という用語はない。彼は唯円ほど厳密に、宿業理論を展開したことがないのである。だから唯円はみずからの宿業思想を、「故上人の仰せ」とも、「聖人はおほせさふらひし」とも権威づけたことによって、親鸞自身が宿業観による差別思想の持ち主であるという、いたずらな汚名を着せたことになる。いったい「世間虚仮」であれば、現存する一切の差別もまた虚仮でなければならない。また同じ『歎異抄』のあとがきに説かれているように、親鸞思想が現世における善悪の基準を確立しない無戒律主義であるならば、これは部落解放運動をも、善とも悪とも規定できないのである。

ここでは詳述できないが、蓮如の時代に、親鸞の自由平等思想を原動力として勃発した一向一揆の主力が、当時の賤民階級であったことが指摘されている（井上鋭夫《としお》『一向一揆の研究』吉川弘文館刊参照）。しかし織田・豊臣・徳川の三氏を代表とする戦国大名や以前の守護大名の群れと果敢に闘った彼らに、差別や抑圧を悪とし、それらからの解放を善とするような、今日の階級思想があったはずはない。差別や抑圧は、現実に耐えがたい桎梏《しっこく》である。それを押しつけてくる権力が、現実に虚仮なのである。一向一揆の参加者たちは虚仮なる権力にたいして自由に闘ったのであり、こういう自由主義が、親鸞思想が内包しているものである。唯円が説く宿業思想は、第一にこの自由主義を裏切っている。

ところでしかし、親鸞自身も仏教本来のこの宿業思想を、十分に、積極的に突破しているだろうか？

ゴータマ・ブッダによって開かれた仏教は、当時のインド思想を時には受容し、時には排除しつつ自らの独自性を樹立したものであった。いま、ことにとりあげる業思想もまた、それらの中の一つである。しかしながら、仏教の長い歴史の流れの中で、仏教が、仏教自体の業思想を樹立したことを忘れてはならない。いなむしろ、仏教は業思想を除外して語り得ないと言って過言ではない。仏教は、業という思想を一大根幹として枝葉を拡げた宗教である、と言ってもよかろう。

と、『業思想研究』（平楽寺書店刊）の編者雲井昭善氏は、その序文で語っている。私のこれまでの文脈にしたがって言えば、六道輪廻の生命観がなくて仏教は成立しえないのである。そして煩悩具足の私たちを六界のおちこちへ、永遠無限にひきずりまわしている行為が、簡単に言って業である。

しかしながら注意しなければならないのは、業の思想ないし六道輪廻の思想は、仏教においては結論にいたる前提であって、それも、否定されるべき前提である、ということである。まことに矛盾した言い方になるけれども、業ないしは六道輪廻の存在という、事実の認識がなくて仏教は成立しなかった。同時にしかし、業ないしは輪廻という事実から離脱できるという、対立するいまひとつの事実がなければ、仏教は成立しえないのである。

仏教は成立当初から、こういう根本的な矛盾を内包している。釈尊は六道輪廻という生命の事実から、解脱をもとめて出家し、求道した。そして六年の模索のはてに、解脱という事実を生きたといわれるのである。私たちはこの矛盾を、どうすれば解決できるだろう？

いまはごく形式的に答えておけば、積極的な解決の仕方は、業ないし輪廻の思想そのものを、迷妄として斥《しりぞ》けることである。私自身はこれをとる。消極的な解決の仕方は、両思想についてできるだけ沈黙をまもり、唯円のように荒唐無稽な展開を防ぐことである。親鸞の解決の仕方は、どちらかといえば消極的であった。

親鸞には、

罪業《ざいごう》もとよりかたちなし　妄想顚倒《てんどう》のなせるなり
心性《しんしょう》もとよりきよけれど　この世はまことのひとぞなき

という、注目するべき和讃（『正像末和讃』愚禿悲歎述懐）がある。くわしい説明は第四巻の解説にゆずるが、ここには業思想の明らかな否定が見られる。親鸞はしかし業思想を、これ以上に積極的に否定したことはない。反対に、

たまたま行信をえば、とをく宿縁をよろこべ

という『教行信証』総序の一文にも見られるように、宿縁（前世における仏縁）すなわち六道輪廻の存在を、一面では肯定しているのである。親鸞における業思想の否定は、消極的かつあいまいなものであったと私は断定する。

いまは親鸞思想について、これ以上の詳述はできない。指摘したいのは、『歎異抄』が自由主義、平等主義、合理主義という親鸞の革命思想の精髄をよく伝えていながら、一面には、親鸞が賢明に沈黙を守った宿業思想をいたずらに展開して、業による拘束を強調したという、保守性が見られることである。私たちは『歎異抄』を親鸞思想の感動的な入門書として尊重しつつも、本書が内包しているこのような限界に注意しなければならない。私たちが学ぶべきは、当然ながら親鸞思想そのものである。ただし、『歎異抄』の保守性は、次に解説する覚如思想のそれにくらべれば、それほど深刻なものではない。

私は『歎異抄』の解説の最後に、自分の好みについて書いておきたい。冒頭の抜き書きのなかには列記しなかったが、さいきんの私は、「苦悩の旧里《きゅうり》はすてがたく」という言葉がふくまれている第九条を最も好んでいる。

唯円はここで、親鸞にむかって、自分は念仏をとなえても踊りあがるほどの喜びをおぼえず、いそいで浄土へ参りたい気持も生じないのはどういうことであろうと、不信心と非難されかねないおのれの心境を正直に告白する。親鸞はそれにたいし、自分も同じ不審をいだいていたのに、唯円房もそうであったのじゃな、と答えるのである。

よくよく案じみれば、天におどり地にをどるほどによろこぶべきことを、よろこばぬにて、いよいよ往生は一定《じょう》とおもひたまふべきなり。よろこぶべきこころをおさえて、よろこばせざるは煩悩《ぼんのう》の所為《しょい》なり。しかるに仏かねてしろしめして、煩悩具足《ぐそく》の凡夫とおほせられたることなれば、他力《たりき》の悲願は、かくのごときのわれらがためなりけりとしられて、いよいよたのもしくおぼゆるなり。また浄土へいそぎまいりたき心のなくて、いささか所労《しょろう》のこともあれば、死なんずるやらんと、こころぼそくおぼゆることも、煩悩の所為なり。久遠劫《くおんごう》よりいままで流転《るてん》せる苦悩《くのう》の旧里《きゅうり》はすてがたく、いまだむまれざる安養《あんよう》の浄土はこひしからずさふらふこと、まことによくよく煩悩の興盛《こうじょう》にさふらふにこそ。なごりをしくおもへども、娑婆《しゃば》の縁つきて、ちからなくしてをはるときに、かの土《ど》へはまひるべきなり。いそぎまいりたきこころなきものを、ことにあはれみたまふなり。（傍点　真継）

私はこのような記述のなかに、親鸞の肉声を聞く思いがする。八十歳前後の親鸞自身が、ここに述べられている「いささかの所労（病気）」に、始終なやんでいたことだろう。親鸞はそのたびに、死の恐怖を覚えているのである。恐怖のさなかで、いそいで浄土へ参りたいと思っていない自分を自覚しているのである。親鸞はそのことを唯円に率直に告白して、実は、信心と死の恐怖とは無関係であると説いている。信心は阿弥陀仏の所有であり、死の恐怖は煩悩の所産である。だから信心によって、死の恐怖を突破することはありえない。

親鸞は自身が死の恐怖におそわれるたびに、いくつになっても「煩悩・苦悩の旧里」に恋々としている吾身をかえりみて、浄土と穢土との峻厳なる二元対立を、あらためて自覚するのである。そしてその上で、弥陀は浄土へ、「いそぎまいりたきこころなきものを、ことにあはれみたまふなり」と、断絶の彼方から注がれている慈悲を信知するのである。

顧みれば、次節で紹介する覚如も、『口伝鈔』第十七条および第十八条で、似たような教えを説いている。愛する者と死別するさいに「いふ甲斐なくなげきかなしむ」のは、煩悩の自然《じねん》である。親鸞はそういう人びとにしかつめらしい説法をせず、「忘憂《ぼうゆう》」の酒をすすめて、笑わせるほどに慰めていたと覚如はいう。すばらしい教えであると私も思うのだが、覚如の文章からは、親鸞の肉声が伝わってこない。『歎異抄』の右の文章からは、肉声そのものの深い、友愛にみちた慰めが伝わってくる。文体の勝利である。

二　覚如の革命性と保守性

新幹線で大阪から京都へむかうと、到着まぎわに、すぐ左手に東西本願寺の大きな屋根が次々にみえる。西本願寺は堀川通りに東面し、東本願寺は、京都駅からまっすぐ北上している烏丸通りに東面している。現在の烏丸通りは、東本願寺の前でだけ、車線がわかれている。北上する車線の一部は寺の前をまっすぐに走り、一部と南下する車線とは迂廻している。間に細ながい空地があって、桜やイチョウなどの並木がならんでいる。

昔の烏丸通りは、迂廻しているほうである。そちらには、ごく最近まで市電が走っていた。つまり戦前の東本願寺には、京都市が路面電車の付設のために道路を整備したさいにも、寺域をおかさせなかったほどの権力があったのである。それも道理であって、明治のころの東西両本願寺の予算は、ともに、京都市の予算より多かったと言われる。門徒たちが、ことあるごとに納めていた金額の莫大さが想像できる。

今日の東西両本願寺は、ともに門徒数約一千万人、末寺数約一万と言われている。真宗十派のなかで飛びぬけた大宗派であり、十派をあわせれば、親鸞を宗祖とする浄土真宗は、日本仏教最大の宗門でもある。

真宗門徒は江戸時代には、全人口の四割を占めていたと言われる。そのほとんどが農民であって、いっぽう、当時の知識人階級である武士階級にもっとも広く浸透していたのは、臨済・曹洞の二宗派を代表とする禅宗であった。だから、明治維新以降に科学的な日本仏教史研究が盛んになったあとも、真宗史の研究はおくれたのであった。学者たちが、農民ないしは庶民の仏教の研究を卑しんだからである。この弊を最初に打破したのは、大著『日本仏教史』(岩波書店刊)で知られる辻善之助であった。

私はこういうことを、前節で紹介した『一向一揆の研究』の著者、故井上鋭夫と対談したさいにはじめて教わった。親鸞思想はこのように、日本仏教最大の宗派となるまでに発展したのであり、しかも、社会の底辺に住むおびただしい民衆を、独自の念仏によって救ってきたのである。

ながらく日本社会の最底辺に呻吟《しんぎん》せしめられてきた、現在人口三百万といわれる被差別部落民も、九割前後が真宗門徒である。

しかしながら、親鸞思想を通観したあとで大本山東西両本願寺をおとずれると、私は、だれもがそうであるように、いちじるしい違和感をおぼえる。本山のたたずまいそのものに、ありふれた言葉ではあるが、親鸞思想の形骸化をみるからである。

いずれの本山も、正面中央にそびえているのは、明治時代に見真大師と諡《おくりな》された親鸞の影像をまつる大師堂（御影堂）である。大きな柱が立ちならぶ外陣《げじん》は、五千人を収容できるほど広い。内陣の中央に鎮座する黄金づくりの厨子《ずし》の中に、親鸞の像がおさめられている。そして大師堂の左手に、いくぶん小さく、屋根も低い阿弥陀堂（本堂）がある。

極楽浄土では、親鸞は阿弥陀仏の説法を聞く門徒の一人にすぎない。人間をひとしなみに煩悩具足の凡夫とみなしていた親鸞が、生前は善知識の一人であったとしても、自分だけきわだった座席を望んだはずはない。それが現世においては、法主阿弥陀仏よりも高貴な御堂のなかに、生《いき》仏《ぼとけ》のように祀られている。親鸞自身が、自分を宗祖と仰ぐ寺院のこの構成をみれば、どんな思いをいだくだろう？　前節で紹介した親鸞の和讃の用語でいえば、これはまさに妄想顚倒である。

真宗教団において、この妄想顚倒を最初に敢行したのが、本巻に数多くの著作がおさめられている本願寺第三代覚如（一二七〇―一三五一）である。覚如が親鸞を生仏に祀り上げたのであるが、その「証拠の文」をいくつか原文で紹介すると、まず彼が制作した『御伝鈔』の第四段に、親鸞に直接つかえていた蓮位がえた夢のお告げとして、次のように驚くべきことが語られている。

建長《けんちよう》八歳〈丙辰《ひのえたつ》〉二月九日夜寅時《ここのかのよとらのとき》、釈蓮位夢《しやくれんいむ》想告云《そうのつげにいわく》、聖徳太子、親鸞聖人を礼したてまつりましましてのたまはく、「敬礼大慈阿弥陀仏《きょうらいだいじあみだぶつ》、為妙教流通来生者《いみょうきょうるづうらいしょうしゃ》、五濁悪時悪世界中《ごじょくあくじあくせかいちゅう》、決《けつ》定即得無上覚也《じょうそくとくむじょうかくや》」。しかれば祖師聖人、弥陀如来の化身《けしん》にてましますといふ事 明《あきらか》なり。

『御伝鈔』は親鸞の絵伝であって、今日では報恩講八日間の中日の初夜をえらんで（東本願寺は十一月二十五日、西本願寺では一月十三日）、例の大師堂に大きな蠟燭を二本だけともして、周囲を真暗にして荘重に物語られる。見聞する門徒たちは、日本仏教の開祖聖徳太子みずからが、親鸞を弥陀の化身とあがめて礼拝する姿をみて、宗祖をさぞかし誇って畏敬し、自分たちは生仏の手によって極楽浄土へみちびかれるのであると、歓喜したことだろう。

報恩講は、伝統的には親鸞の命日である十一月二十八日の、一週間前から八日間にわたって行なわれる、真宗門徒最大の行事である。本山や別院だけではなく、末寺でも盛大に行なわれるのだが、覚如がそのさいに読み上げるためにつくった式文《しきもん》である『報恩講式』の第三段にも、

つらつら平生《へいぜい》の化導《けどう》を案じ、しづかに当時の得益《とくやく》をおもふに、祖師聖人はただびとにましまさず、すなわちこれ権化《ごんけ》の再誕なり。すでに弥陀如来の応現と称し、また曇鸞和尚《どんらんかしょう》の後身《こしん》とも号す。みなこれゆめのうちにつげをえ、まぼろしのまへに瑞《ずい》をみしゆへなり。いはんやみづからなのりて親鸞とのたまふ。はかりしりぬ、曇鸞の化現《けげん》なりといふことを。

ちなみに今日の両本願寺の末寺の僧侶のなかには、『報恩講式』を読まない人が大勢いる。右のような親鸞仏・格化に反対しているからである。本山がそれをあえて統制しようとしないのは、本山自体が、教義の再検討をせまられているからである。

ともあれ、親鸞のこのような仏格化を敢行した覚如が、本願寺の創建者でもあった。だから覚如以前は、原始本願寺とでも言わなければなるまいが、東山大谷にあったそれは、親鸞の影像と墓碑をおさめる御廟《みびょう》であった。祖師の御廟に詣でるのは仏教徒の慣習である。真宗の門徒は関東に多く、それがはるばる京都の御廟へ詣でにくる。留守役は接待にも忙しいのだが、親鸞の死の直後に、だれが留守役（正しくは沙汰人という）につくかという問題が生じた。のちに高田派専修《せんしゅ》寺《じ》を創始する下野国《しもつけのくに》（現栃木県）高田の真仏の後継者たちをはじめ、関東からも大勢の門侶が参集して、民主主義的な合議の上で、親鸞の末娘覚信尼およびその子孫が、代々留守役につくことが決議されたのである。重松明久氏の『覚如』（吉川弘文館刊「人物叢書」一二三頁）は、その間の事情をくわしく説明している。それによれば、覚信尼やその一族には私有財産がすくなく、生計は主として、関東の門侶からの送金によってまかなわれていた。いわゆる関東二十四輩《にじゅうよはい》のなかには高田派のような豪族もおり、大勢の門徒を組織していて、志納銭も多かった。いっぽう親鸞の御廟所ないしはその留守役に、直属する門徒はありえなかった。貧しい覚信尼の、門侶の間における地位も、あるいは対等以下であったかもしれない。重松氏の右の著書には、覚信尼が亡くなる前に、門侶たちに送った、自分の子孫の生計扶助を懇願する手紙がおさめられている。参考のために訳出しておけば、はじめに「御《み》墓の御留守の事申しつけらるる尼覚信房最後の状案」という端書《はしがき》があって、

　十一月十八日より、咽喉の病いをいたし、今はもはや最期と思われるのです。田舎より詣

でにこられる方々にお眼見えするのも、今年が最後であると思われます。自分の宿業のほども不思議に思われるのですが、かような有様ですので、私はこの親鸞聖人の御墓の御沙汰《おん》を、専証房（覚信尼の嗣子《しし》覚恵のこと）に申し置きました。私が世におります時は、田舎の人びと御志の金品でもって、廟堂に仕える者どもを育《はぐく》んできたのでございますが、これからはどうすればよいかと心配でなりません。私は田も畠も持っておりませんので、譲り渡すこともありません。ただひたすら田舎の人びとをこそお頼みしとうございますので、この尼の生前に変らず、面倒を見て下さり、お見放しにならぬようお願いしたいのです。この書状は一人一人の御方に宛てて書くべきであると思うのですが、それほどに誓約を重ねるのもかえって侘《わ》びしく思われますので、皆様方に御回覧いただきたく、一通のみをお送りします。かしく。

弘安六年（一二八三）十一月二十四日

覚信在判

田舎の人びとの御中へ

といった内容である。

覚如自身も貧しい生涯を送った。彼は清貧に甘んじつつ、あるいは覚悟しつつ御廟所の本山化を図ったのであるが（覚如のこの行動によって、反対する門侶からの送金が断たれる）、その主たる意図は、教権の確立にあったと私には思われる。

『歎異抄』の後半を読めば、親鸞の死の直後の真宗教団に、さまざまな異義異安心が繁茂していた有様が推察される。親鸞の書簡を読めば、彼の生前にすでに、さまざまな異義が簇出《ぞくしゅつ》していたさまが窺われる。親鸞の長子善鸞みずからが、弥陀の本願を「しぼめる花」にたとえる異端に転落していたのであるが、宗祖の教義が生前においてすら誤解や誤伝の雲に覆われ、論争の藪に埋没してゆくのは、あらゆる宗教思想の運命である。実状はつまびらかにできないのだが、覚如時代の真宗教義が、唯円時代以上の混迷におちいっていたことは、容易に想像できる。その代表が、覚如自身が『改邪鈔』の冒頭で、痛烈に批判している仏光寺の教学である。内容の説明ははぶき、訳文を参照していただくにとどめるが、その仏光寺の教学の作成を指導したのは、覚如の息子の、父とひとしい大学者であった存覚であると言われている。親鸞が善鸞を義絶したように、覚如もまた存覚を義絶している。いずれもくわしい事情はわからないのだが、根本の対立が、教学面にあったことは推察できる。

覚如は真宗教学の異端の藪の中から、正統を救いだすに足るだけの信心や学識や勇気を、すなわち資格を、一面ではそなえていた人であった。本書におさめられている覚如の諸著作のうちの、『執持鈔』、『口伝鈔』、『改邪鈔』の三著が、その見事な証明である。説明のために、まず三書の題名に注目していただくが、「執持」には単に弥陀の本願だけではなく、それを独自に解釈した祖師親鸞の教えをも「かたく保持する」という意味ないしは覚悟が、当然ながら含まれているはずである。が、この三書に説かれている覚如の教えにも、唯円のそれと同様、親鸞思想からのいくぶんの逸脱がみられる。唯円は前節で説明したように、親鸞思想から、宿業説をあやまって展開した。覚如はそれと逆方向に、宿善説を誇張して展開しているのである。

宿業とはすでに述べたように、宿悪（前世で犯した悪行）のことであって、私たちが現世においてさまざまな不幸を体験するのは、宿業の報いであるとされる。覚如はそれと正反対に、私たちが現世においてさまざまな幸福を体験するのは、宿善の報いであるとするのである。現世における最大の幸福は、末法濁世に生きる衆生をこそ救いたもう浄土の真宗に接して帰依することである。このすぐれた教えを聞くに聞けないのは、「無宿善」のともがらであるとも言って、覚如は門徒をほめたたえたり、励ましたりする。この選良思想もまた一種の差別思想であり（宿善があれば宿悪がある）、平等思想と対立することは言うまでもない。

親鸞は宿業と同様、宿善という言葉も用いたことがない（竜谷大学真宗学会編纂発行『親鸞聖人著作用語索引』教行信証の部および和漢選述の部参照）。覚如はこの面では親鸞からの逸脱がみられるのだが、私は右の三書にみるかぎり、覚如が親鸞の教えを、全体として正しく継承していると評価したい。

『口伝鈔』の口伝とは、口伝えの教えという意味である。これは覚如が、自分の教権の確立のために用いた手段である。彼には、自分が直接の師である如信《にょしん》から口伝えに、親鸞の教えを正しく受けついでいるという自負があった。

親鸞の血統において重要なのは、

親鸞─┬─善鸞─如信
　　　└─覚信尼①─覚恵②─覚如③─善如④─綽如⑤─巧如⑥─存如⑦─蓮如⑧─実如⑨

という、長子と末子の二流である。親鸞は善鸞を義絶している。ただし善鸞は、第四巻の解説でくわしく語られるように、父からは義絶されても、教団から追われたわけではなかった。善鸞は関東の門侶と対立をしたあと、岩代国《いわしろ》（現福島県）大網に移って布教をつづけている。そして息子の如信は、親鸞と直接会って教えをうけたと言われるのである。

覚如はこの如信から、親鸞の教えを正しく受けついだとして、自分の教学を権威づけたのであるが（「三代伝持《さんだいでんじ》」と言い、法然→親鸞→如信の三代にわたって伝持されてきた浄土の真宗の法灯を、自分が正しく伝持しているという意味である）、口伝の権威は、当時一般に尊重されていたものであった。

『歎異抄』の序文にも、

ひそかに愚案を廻らして、ほぼ古今を勘《かんが》ふるに、先師口伝の真信に異なることを歎き、後《こう》学《がく》相続の疑惑あらんことを思ふに、幸に有縁《うえん》の知識によらずんば、いかでか易行《いぎょう》の一門に入ることを得んや。（傍点　真継）

という一文がある。唯円も周囲の異端を批判するにあたって、その根拠を、自分が先師親鸞の真実信心を、口伝えに聞いていることに置いているのである。一般に教義を文章だけで学べば、さまざまな誤解や異説が生じるものである。そのさいに正否を決定できるのは、先師じきじきの口頭による教えでなければならない。「面授口決《めんじゅくけつ》」ともいうのだが、これが日本仏教の各宗派において、教義の根本的な継承手段であるとされていた。親鸞も『教行信証』を、その後序において、法然の自分にたいする信頼のさまを、くわしく語ることによって権威づけている。覚如もまた、こういう伝統を踏襲したうえで教学を語っている。内容についてはとくに指摘したいことがないので、訳文をみていただくことにする。

『改邪鈔』は、覚如の場合の『歎異抄』である。覚如は本書においても、如信から口伝された親鸞の教えを根拠として、当時大いに繁栄していた仏光寺派をはじめ、さまざまな異端を批判している。私は『改邪鈔』を読むと、覚如の批判は七百年後の真宗教団にたいしても、適切な箇所が多いと思う。

たとえば第九条には、

おほよす造像・起塔等は弥陀の本願にあらざる所行《しょぎょう》なり。これにより一向専修《いっこうせんじゅ》の行人《ぎょうにん》、これをくはだつべきにあらず。されば祖師聖人御在世のむかし、ねんごろに一流を面授口決したてまつる御門弟達、堂舎を営作するひとなかりき。ただ道場をばすこし人屋に差別あらせて小棟をあげてつくるべきよしまで御諷諫《こふかん》ありけり。中古よりこのかた御遺訓《ごゆいくん》にとをざかるひとびとの世となりて造寺土木のくはだてにおよぶ條、おほせに違するいたり、なげきおもふところなり。（傍点　真継）

という有名な主張がある。ここにも言われているように、真宗門徒に必要なのは、念仏道場であって寺ではない。門徒は一般の人屋より小棟がすこし高い程度の道場にあつまって、ともに、弥陀の本願にたいする親鸞独自の解釈を心にいだいて念仏する。浄土真宗の宗教行為は、それだけで必要かつ十分である。

親鸞が関東にのこした原始親鸞教団の、最も純粋な姿も、ただそれだけのいとなみであったと私は思う。門徒たちは各自酒肴をたずさえて道場につどい、ともに念仏をとなえたり親鸞作製の和讃をうたったりしたあとでは、他の宗派が禁じている飲酒肉食をともに楽しみながら、自分の信心が親鸞とひとしいかどうかを、告白しあったり、善知識に問いただしたりしていたのである。そういうまことに人間的で平等な、ありふれてくつろいだ団欒《だんらん》が、真宗教団の本来の姿でなければならない。いっぽう、覚如が批判するように、門徒に莫大な出費を強いて仰々しい寺院を造成するのは、つとに法然の『選択本願念仏集』が禁じている諸行往生である。もしも造像起塔が往生浄土の原因となるのであれば、貧しい者は往生できない。

また第十六条の、

しかるに往生の信心の沙汰をば手がけもせずして、没後《もつこ》喪礼《そうれい》の助成扶持《じよじようふじ》の一段を当流の肝要とするやうに談合するによりて、祖師の御己証《ごこしよう》もあらはれず、道俗男女《どうぞくなんによ》往生浄土のみちをもしらず、ただ世間浅近《せけんせんこん》の無常講とかやのやうに諸人おもひなすこと、こころうきことなり。かつは本師聖人のおほせにいはく、「某〈親鸞〉閉眼せば賀茂河にいれてうほにあたふべし」

と云云　これすなはちこの肉身をかろんじて仏法の信心を本とすべきよしをあらはしまします
ゆへなり。これをもておもふに、いよいよ喪葬を一大事とすべきにあらず、もとも停止《ちょうじ》すべ
し。（傍点　真継）

という主張も、なかば葬式仏教化している真宗教団の現状を、明らかに否定している。真宗門徒の希求は、死後における成仏と、現世における安心の二つでなければならない。そしてその安心が、自由主義、平等主義、合理主義という、いまだ人間社会に実現されていない、人間本来の希求を含んでいるのである。

しかしながら、一面では親鸞思想のこのような革命性を正しく伝持した覚如が、一面ではすでに指摘したように、親鸞の仏格化を敢行するという、はなはだしい保守性をも示している。

私には、覚如自身の親鸞仏格化の意図がわからない。七百年後の今になって顧みられるのは、覚如の意図はどうあれ、その行動がいかにも時代の精神に適合していたということである。日本人には前節で述べたように、家中心主義すなわち血統崇拝思想がある。おのれの血統を誇りたいという差別思想であって、その中心に、天皇崇拝思想がある。簡単にいえば、各自の血統が聖なる天皇家に接近しているほど誇らしいのであるが、南北朝対立の動乱期に生きた覚如と同時代に成立した北畠親房の『神皇正統記』（一三三九年？）や、親鸞を得度したといわれる天台座主慈円の『愚管抄』（一二二〇年？）を読めば、天皇崇拝それ自体の根拠も血統聖別観にあることが知られる。すなわち天皇家だけが天照皇大神の血統を伝えていて、聖なるものに区別されていて、現《あら》

人神《ひとがみ》であるがゆえに尊いのである。現実の天皇がいかなる振舞いをしようと、血統が現世の善悪を超越している。それゆえに尊崇しなければならないとされるのだが、これは全世界の古代の政体にありふれた、神権説の日本版である。一般に、人の世の法を生み出す天皇や国王は、神とひとしい超法規的存在であり、神から支配権を授かったとされる。

ところで愚痴無知の悪人をこそ往生浄土せしめたもう阿弥陀仏もまた、人の世の善悪の基準の彼岸におわしますお方である。覚如はだから、親鸞が弥陀の化身であると主張することによって、まず宗祖である自分の曽祖父を、天皇と同格に置いたのである。そしてそれが結果として、自身の血統の聖化をもたらしたのである。

覚如は一方では、自分は親鸞の法統（血脈とも言う）を正しく伝持したと主張する。その法統の中味は平等思想であり、血統尊重は差別思想である。だから覚如は、両者のすさまじい野合によって、教権の確立、ないしは親鸞の御廟所の本山化を実現したと言わなければなるまい。

ことの是非は別問題として、私にはこの野合が、時代の精神によく適合していたと思われる。覚如自身は本願寺を創建したとはいえ、彼の生前においては、勢力は微々たるものであった。しかし後世における本願寺の発展の礎《いしずえ》となったのは覚如が敢行したこの野合である。厳格な階級社会に生きる門徒たちにとって、親鸞の平等思想は、現世においては実現不可能なものであった。現人神を盲目的に崇拝せしめられてきた民衆にあっては、親鸞をも盲目的に現人仏とあがめて跪拝し、死後の成仏ないしは平等の実現を祈願するほうが、はるかに受け入れやすい信仰であった。

民衆のこの、やむをえぬ保守性が、覚如の保守的な教義を受け入れたのである。

本願寺の教線を、文字どおり飛躍的に拡大して、真宗教団を日本仏教宗派最大のものに発展させたのは、本書に『御俗姓』がおさめられている第八代蓮如（一四一五―一四九九）である。蓮如もこの著作にみられるように、覚如の親鸞仏格説を踏襲している。そして蓮如や、その子の、第九代実如の葬儀のさいに、本願寺に殺到した信者の中には、踏み殺されることをかえって喜ぶ者がいたという。現人仏のましました浄土に似た聖域で、現人仏の葬送と同時に死ぬことができれば、極楽往生まちがいなしと信じられていたからである。また法主夫妻などが地方を巡行すれば、彼らが入った風呂の湯をあらそって飲みたがる信者も、ごく最近までいた。

私はさきに、浄土真宗の最大の功績の一つは、安産や病気治療など現世利益《げんぜりやく》信仰の迷信を突破したことであると述べた。私はこの面では覚如や蓮如をたたえたい。しかしながら日本民衆の中に脈々と流れる信仰の現世利益への期待や、神仏を無批判無反省に崇めたがる精神は、浄土真宗の中でも、このように自分を「生ける埴輪」にまでおとしめるような、「念仏者は無礙の一道なり」という自信とはまったくかけ離れた、従属の宗教精神を存続せしめているのである。信者たちは単に大谷一族のみならず、一般の末寺僧侶をも現人仏視して帰依している。浄土真宗のこのような頽落の責任は、祖師の仏格化を図った覚如をはじめとする指導者と、あくまで迷信・従属を欲する大衆との、相方にある。言うなれば日本人の宗教精神にみられる低俗性が、指導者と大衆の相方が補完しあって、浄土真宗の中にも貫徹しているのである。

重松明久氏は前掲『覚如』の末尾に、芥川龍之介『侏儒の言葉』の、

民衆は穏健なる保守主義者である。制度、思想、芸術、宗教、――何ものも民衆に愛される為には、前時代の古色を帯びなければならぬ。所謂《いわゆる》民衆芸術家の民衆の為に愛されないのは、必ずしも彼等の罪ばかりではない。

という一文を引用して、

親鸞の思想は、その革新性のゆえに、民衆の間に広汎に受容されるためには、伝統的権威にまで高められるべく、今少しの時間的経過が必要であった。具体的には、蓮如の出現に至るまでの時をかせぐことが、先決的条件であったとさえいえよう。親鸞↓覚如の段階にあっては、かれら自身の主観的意図の如何にかかわらず、民衆の間に社会的にも思想的にも、受容基盤が成熟していなかったことの消息は、芥川龍之介のこの言葉によって的確に表現されている。文中、民衆芸術家の芸術家を宗教家に置換すれば、まさに親鸞↓覚如の場合に妥当する至言といえよう。(二三六頁)

と言っている。私はこの指摘は、蓮如のために過褒《かほう》であると思う。蓮如もまた、覚如の親鸞仏格説を無条件に継承したという面では、あい似た保守主義者でしかないからである。私自身は民衆における宗教精神の低俗化という現象を見れば、つねに、全世界の未開人の宗教行為を広範囲に究明したフレイザー『金枝篇』の、次のように一種危険な主張を連想する（岩波文庫版、永橋卓介訳、第一巻、一二三頁以下）。彼はそこで、民主主義的な長老会議よりも君主政治を肯定して、次

のように言う。

いわゆる民主的未開人ほど、慣習と伝統に束縛されているものは他にない。その結果、社会のこの段階ほど進歩が鈍重で難渋なものはないのである。未開人は人類のうちで最も自由なものだというこれまでの説は、実は全く事実の逆である。彼は奴隷である。ただに見える主人の奴隷であるばかりでなく、過去の奴隷であり、生まれおちてから死ぬまでいつも彼につきまとい鉄の鞭をもって監視を怠らない死せる祖先の奴隷なのである。祖先のなしたことが正義の規範であり、疑義を許さぬ盲目的服従を強制する不文律なのである。古き慣習をより良きものに改革するための優秀な才能に対しては、ほとんど全く何の努力もなされないのである。最も弱小で愚鈍な者は、自分自身は上昇し得ないけれど他の者は下降し得るところから、最も手腕のある優秀な者を引きずりおろして標準を平均化してしまう。自然的不平等、すなわち生得の才能と気質の幾多の本質的差異を、虚偽の表面的平等と化することが人間に可能である限り、このような社会の表面はただ何の変哲もない死の水平を現出するだけである。（中略）社会のこのような低級で沈滞し切った状態から、それぞれの才能に応じてその地位を開き、また人々の自然の能力に応じて権力の程度を按排することにより社会を進歩せしめるものはすべて、同胞の真の幸福を心から希う人々によって歓迎さるべきであろう。このような進歩的勢力がひとたび動き出すと――彼らはいつまでも抑圧されたままではいない――文化の発達は比較的に急速となってくるのである。一人の者が最高の権力を掌握するようになれば、これまで幾世代かかっても成就することのできなかった改革が、彼一代のうちに立派に完成される。(中略)暴君のむら気と気まぐれといえども、なおよく強く未開民族を圧迫している慣習の鉄鎖をうちくだくことができよう。

私が右のフレイザーの主張を、「一種危険な」と批評するのは、民主主義(すなわち平等)の理念が否定されているからである。しかし望ましい民主主義は、個々の成員のすぐれた精神的自立を前提とする。この前提が欠けるなら、民主主義は過去の因襲の奴隷たちの合議によって、優秀な個人をおとしめ、「死の水平」をもたらすばかりの衆愚政治となるだろう。私はフレイザーが、こういう悪しき民主主義の弊害を、正しく指摘していると思うのである。

親鸞の自由・平等思想は、時代をはるかに越えていた。現代をも越えて、実現不可能な思想であると言ってもよい。覚如や蓮如の保守反動性には、時代的必然性という側面がある。

ここは蓮如について詳述する場所ではない。くわしくは拙著『私の蓮如』(筑摩書房刊)を参照していただきたいのだが、覚如の親鸞仏格説に関連してひとつだけ指摘しておきたいのは、本願寺は蓮如の時代に勃発した一向一揆の勝利によって、加賀一国および越中(現富山県)西半国を領有する、一種の守護大名になったことである。大名家が天皇家同様の、血統崇拝思想にもとづく血統相続制をとっていることは言うまでもない。ここにおいても、時代の精神が、本願寺家の血統聖化を承認していたのである。

私は本節の最後に、覚如の親鸞仏格化、すなわち本願寺家の血統聖化が、現実に、本願寺の教線の拡大のために貢献した一例を紹介しておきたい。

第六代巧如《ぎょうにょ》の時代に、高田専修寺派から本願寺へ帰参した、和田本覚寺および藤島超勝寺（いずれも現福井県に所在）の事例である。まず両寺の縁起について説明すれば、本覚寺を創始した和田氏の本拠は、三河国矢作《やはぎ》川のほとりであった（現岡崎市針崎）。『三河念仏相承日記』によれば、親鸞が晩年に都に住んでいたころ、高田専修寺の開基とされる真仏や、その弟子の顕智や専海が、上洛の途次に矢作の薬師堂で布教している。顕智は、帰途には三年間、三河にとどまって布教をつづけた。和田氏はその結果、まず高田派の門徒となり、後に和田勝鬘《しょうまん》寺を造ったのである。

井上鋭夫の前掲書によれば（一一九頁）、この和田一族は矢作川のほとりに住む、渡りと呼ばれる水運業者であり、行商であったと推察されている。すなわち親鸞のいう屠沽の下類であり、生まれながらの悪人として差別され、川べりにしか住むことを許されない人びとであった。真宗の教線は発端から、こういう、社会の最底辺へ進出していたということにも、ここで注意しておきたい。和田氏は長良川の上流から越前国に入り、九頭龍川に沿って下ってゆく行商の径路をもっていて、後に支族が越前に住みつき、本覚寺を開いたと推定されるのである。ところで蓮如が生まれる前後に、和田本覚寺に不和が生じた。蓮如の第四子蓮誓の孫の顕誓が書いた『反故裏書《ほごのうらがき》』によれば、

サテモ和田信性卒去ノ後、嫡男・次男家督ノアラソヒ出来シ、門徒アヒワカレリ。兄長松丸ハ母儀早世アリ。弟長若ノ母儀サマ〳〵ノ謀略トシテ、過半カレニ同心セリ。ヨリテ長松

丸メノト、信性ノ真影一幅・重代ノ太刀ヒソカニトリイテ、長松丸トオナシク坊中ヲ退出セシム

ということがあって、この長松丸が若死したため、本覚寺からわかれた門徒たちは、本願寺に住職を派遣するよう願い出た。そこで本願寺は巧如の弟頓円鸞芸《とんえんらんげい》を遣わし、頓円が後に藤島に超勝寺を建てたと言われるのである。この出来事を和田門徒の側から見るなら、もとは賤民の出の彼らが、生仏の子孫であれば日野中納言家の縁者でもあるという「貴種推戴」が可能になるまでに下剋上して、頓円を迎えることにより、その実を得たことになるだろう。また本願寺の側から見れば、名誉の血統以外に何ものも所有していないこの貧乏寺が、不用な次男を望みに応じて派遣することにより、高田門徒を吸収し、自派の拡大に成功したということができる。

ちなみに、巧如の末弟周覚玄真も越前に移っているが、それは頓円の無能が一因であった。同じく『反故裏書』には、

越前国志比庄荒川興行寺ノハシメハ、綽如上人（第五代）ノ御息、超勝寺頓円法師ノ舎弟也。頓円は国ヨリ申受奉ルトイヘトモ、世法ニマトハレ法流ツフサナラサリシカハ、カサネテ其御弟周覚ヲ申ウケラレ侍リ。天性法儀ニ他事ナク、志切ニマシ〳〵ケレハ、御門弟トシテシキテノソミ申サレシナリ。始ハ吉田郡大谷ト云所ヘ、ソノ名ナツカシク思給トテ寄宿アリシカ、ヤカテ荒川ヘウツリ給フ。巧如上人花蔵閣《けぞう》トツケ申サル。実名玄真ト申セリ

とある。

和田と藤島は、九頭龍川と足羽川《あすわ》にはさまれた越前の沃野にある。荒川は、九頭龍川が大野盆地から越前平野へ流れでる谷間にある。だから、頓円・周覚の兄弟が入った寺々の距離はやや離れているのだが、和田本覚寺も藤島超勝寺も、主として越前・加賀の両国に、おびただしい末寺と道場を持っていた。それだけ門徒の数が多かったのであるが、それは当時、賤民とみなされて差別されていた人びとの数の多さをも示しているだろう。

余談ながら私は、晩年に金沢大学で国史を教えていた故井上鋭夫と交際があった。いちど金沢を訪れて近辺の遺跡を案内してもらったさいに、当時の賤民の人口の割合について訊《たず》ねると、井上は、自分は全人口の二十パーセントぐらいではなかったかと推測していると答えた。おびただしい人数であって、親鸞の「悪人正機」説は中世日本に、普及する社会的基盤があったのである。ついでながら、現在の被差別部落の人口は約三百万人と言われる。全人口の三パーセントていどである。差し引き十七パーセントの人口が、主として親鸞とその後継者たちが説く平等思想によって鼓舞され、下剋上の闘いを挑んで階級上昇をとげたと井上は推測していた。応仁・文明の大乱以降、織田・豊臣・徳川の三氏によって乱世が収束されるまでの戦国時代百年間は、こういう意味での下剋上の時代であった。その乱世の収束者の豊臣・徳川の両氏も賤民の出である。また、同時に活躍した前田利家も堀秀政も、賤民の出にちがいないと井上は言った。

前田や堀は、この時代にはじめて出来た姓であるという。前田は寺社の前の田を意味して、そこを耕す者は寺院や神社に隷属する、「神人《じんにん》」とか「犬神人《いぬじんにん》」とか呼ばれる賤民でなければならない。また堀は、当然ながらそのほとりに住む「渡り」を意味する。このように姓からも、最下層の賤民が大名から征夷大将軍にまで立身できた、当時の下剋上のさまが窺われると井上は言うのである。当否はともかく、面白い説なので紹介しておきたい。

このように自由な階級上昇運動は、平安や鎌倉や室町前期にも、のちの江戸時代にもありえなかった。足利尊氏も、関東の源氏の名門であったゆえに、鎌倉幕府に反逆した武士団の大将にえらばれたのである。その下で闘って管領《かんれい》や四織《しき》にまで成り上った斯波や細川や畠山以下も、足利の一族ないしはいずれ劣らぬ名門であって、出自がごく低いのは山名時氏ぐらいのものである。

和田本覚寺や藤島超勝寺の末寺や道場には、越前・加賀の山地に分布するものも多い。山地の住民には猟師という破戒のなりわいを続ける層の下類のほか、修験道の行者がひきいる鉱夫がいる。ところで、当時は信仰の対象にも差別があって、たとえば支配階級が不動明王をはじめ王の位の神を信奉すれば、被支配階級は王子ないし太子の位の神を信奉せしめられた。だから今日も残っている「王子」や、「八王子」や「若王寺」などという地名は、すべて賤民階級の居住地であったことを意味するのだが、鉱山業者も「タイシ」と呼ばれる賤民階級であった。真宗は「タイシ」を阿弥陀仏の平等の慈悲によって救うために、山岳地帯へも弘まっていったと井上は言う。

越前を流れる九頭龍川の水源は、加賀を流れる手取川、越中を流れる庄川、美濃を流れる長良川の三者とともに白山である。白山に住む神は、最初は水源地にふさわしく、九つの頭をもつ龍王とみなされていた。それが何時《いつ》の間にやら、十一面観音から阿弥陀仏に変っていた。白山の本地が阿弥陀仏になっていたことも、真宗が白山をめぐる諸国に普及した一因であると言われる。

第七代存如の弟宣祐は、祖父綽如が越中国井波《いなみ》に建立した瑞泉寺に入り、のちに加賀二俣に本泉寺を建立した。井波は庄川べりであり、二俣は医王山《いおうぜん》の山腹にあって、いずれも賤民の居住地帯である。

以上の三人が、蓮如以前に地方に土着した本願寺一族であるが、共通して見られるのは、彼らが血統のゆえに住職に迎えられたのであって、当の末寺は、たとえば高田派の賤民階級への布教の熱情という、別の力によって発展したということである。

三河国には和田勝鬘寺のほか、桑子妙源寺や野寺本証寺や佐々木上宮寺ができた。いずれも最初は高田派に属していたのだが、上宮寺は早くから本願寺へ接近した。上宮寺はもと桑子妙源寺の下寺であったのが、四十数ヵ所の末寺や道場を持つまでに発展したため、独立を志して、本願寺直参となったと言われるのである。ここにも見られるのは、本願寺の、僧侶みずからの布教の努力によってではなく、血統の権威によってする、日本的・伝統的な発展の姿である。蓮如以前の本願寺は、山門延暦寺の末寺となって、本堂に護摩堂をすえ、天台密教にもとづく加持祈禱をおこなうまで退廃していた。さきの頓円鸞芸が革新的な和田門徒から、「世法ニマトハレ法統ツフサナラズ」と批判されたのは当然である。

語　註（ゴチック数字は本文の頁を示す）

歎異抄

七　**易行の門**　たやすい仏道修行で、他力念仏の道のこと。

他力の教え　人間からみて他者である阿弥陀仏の、救済力としての念仏の教え。

誓願　『大無量寿経』に説かれている弥陀の四十八願のこと。『大経』によれば、阿弥陀仏はかつて法蔵菩薩という名の仏道修行者のときに、四十八のちかいをたて、そのすべてが成就しなければ、自分はたとえ仏になることができるとしてもならず、一切衆生とともに生死の世界をまよい続けようと誓った。法蔵菩薩は五劫にわたる思索と永劫の修行のはてに、すべてを成就し、阿弥陀仏となったのである。

弥陀の本願　本願とは根本の誓願という意味であって、第十八願をさす。

八　**煩悩**　私たちの心身をわずらわせ、なやませる精神作用の総称。私たちの我欲や我執（自己愛）、我慢（自己誇示）や我見（私が不滅の実体であるというあやまった見解）など、生死輪廻する原因となるもの。

衆生　一般には人間のことであるが、正しくは生きとし生けるものであり、生死輪廻する一切の生命のこと。有情とも訳する。伝統的には植物は含まれない。

極楽往生　極楽浄土とは、阿弥陀仏がつくった国土であり、往生とは私たちがその国に生まれ変わること。

よきひと　弥陀の本願に遇わせてくれた師法然をさす。

八　**業因**　業とは自分の未来に影響を及ぼす行為のこと。善い行為はそれが原因となって善い結果（果報）を生み、悪い行為は悪い結果を生むという仏教の根本思想の一つ。

九　**善導**　六一三―六八一。中国浄土教の祖師の一人で、光明寺和尚と称される。真宗七祖の第五祖。著書は五部九巻の聖教といわれ、中でも『観経四帖疏』は有名。

本願他力　弥陀の本願に説かれている救済の力は人間の力（自力）ではなく、弥陀より廻向（さしむける）されている力であるゆえに、他力と言われる。

真実報土　浄土は、報土と化土に大別され、弥陀の本願の他力の信心を頂戴したものだけが真実報土に迎えられるとされる。化土は、疑城胎宮と辺地懈慢に二分されていて、前者には、念仏が自分の弥陀に対する廻向であるとする、まちがった自力の念仏者が迎えられ、後者には、聖道門と総称される自力の仏道修行者が浄土を願って迎えられる。たとえていえば、報土は蓮の花が開いているところである。疑城胎宮はつぼみのままの辺境であって、自力の念仏行者は、そのつぼみのなかに、五百年間とじこめられる。辺地懈慢土は、そのつぼみさえも出ていない、さらにはるかな辺境である。

一〇　**生死を離れる**　仏道に帰依することによって地獄・餓鬼・畜生・修羅・人間・天上の六道（六界とも六趣とも言う）の世界を離れること。

聖道と浄土　聖道門と浄土門のこと。聖道門では自力難行の修行によってさとりを得るのに対し、浄土門では、阿弥陀仏の力（他力）、易行の念仏によって往生を得、さとりをひらくとする。

一一　**神通力**　仏・菩薩などがもっている超人的な能力。

業苦　業とは煩悩のおこないであり、その業を原因として、地獄・餓鬼・畜生などの悪世界（悪道ともいう）に輪廻する苦しみをいう。（本文八頁「業因」の註参照）

専修念仏　もっぱら弥陀の本願に帰依して念仏を称えること。

自然　親鸞にとっては、弥陀の本願に含まれている救済の意志が自然である。私たちから働きかけるなにものも含まれていないことを意味する。

一一 **念仏する者は…** 原文は、「念仏者は無礙の一道なり」であって、前半を「念仏者は」と読むか「念仏とは」と読むかの二つの説がある。ここでは「念仏者は」と読んだ。

一二 **魔界外道** 悪魔の群れ、および仏教徒からみて異教徒のこと。

唯円房 親鸞の関東における門侶の一人で、『歎異抄』の著者とするのが今日の定説である。

一三 **安養の浄土** 阿弥陀仏がそこに迎え入れた衆生を安らかに養育する清浄な国土の意で、極楽浄土のこと。

念仏においては… 原文は「念仏には無義をもて義とす」。この義ということばには、主として「教義」と「当為（なすべきこと）」という二つの意味が含まれていると解される。訳文ではあえて「教義」と一意的に訳した。

一四 **名号** 南無阿弥陀仏を六字名号、南無不可思議光仏を八字名号、南無不可思議光如来を九字名号、帰命尽十方無碍光如来を十字名号という。不可思議光や、尽十方無碍光は、阿弥陀仏が全世界へ放つ救済の光のことである。阿弥陀仏はこれらの名号の中に、みずからの救済力をこめているとされる。

一五 **辺地懈慢・疑城胎宮** （九頁「真実報土」の註参照）

弥陀の果遂の願 阿弥陀仏の四十八願中の第二十願のこと。すなわち自力の念仏をはげみ、その功徳によって浄土に往生せんと願う者をも、阿弥陀仏がどうしても真実報土の往生を果し遂げさせずにはおかないと誓った願である。

一六 **証拠の文章** 源信の『往生要集』に引用されている『大宝積経』の偈「あやまてる諍論の場にもろもろの煩悩おこる。智慧あるはこれを離れて百由旬遠ざかるべし」をさす。

一八 **宿業** 前世において行なった行為。特に悪業をさす。

二〇 **唯信鈔** 法然の門侶、聖覚（一一六七－一二三五）の著書。親鸞はこれを尊重して『唯信鈔文意』を書いている。（四七頁「聖覚」の註参照）

二一 **五劫の思惟** 劫はインドで用いられた長大な時間を表わす言葉。無限の別名でもある。思惟は思うこと。『大無量寿経』によれば、阿弥陀仏の前身法蔵菩薩は、五劫の間思惟し永劫の間修行して仏となり、極楽浄土を造ったとされる。

二一　**十悪・五逆**　一般に十悪とは、殺し・盗み・姦淫・嘘をつく・二枚舌・悪口・美辞麗句・むさぼり・いかり・愚痴のこと。五逆とは父殺し・母殺し・阿羅漢（小乗仏教における修行者の最終のさとりの位）殺し・僧団破壊・仏身損傷を言う。

二二　**定聚の位**　定聚は正定聚の略で、阿弥陀仏によって極楽往生が約束された位。

無生忍　地上の生命は胎生・卵生・湿生・化生の四種の生まれ方をするが、浄土への生まれ方は、これらとは異なり、かたちあるものとして生まれないので、無生といわれる。忍とはさとりのこと。つまり、無生忍とは浄土に生まれて仏となることをさとるという意味で、無生法忍（無生の教えをさとる）とも言われる。

解脱　煩悩の束縛、すなわち六道輪廻から解放されること。成仏であり、滅度（三五頁註参照）にいたることである。

業報　善因善果・悪因悪果というように、行為の報いとしての結果を受けること。

二三　**即身成仏**　現世に生きているままでただちに仏になること。

真言秘教　真言宗の教え。法身（六〇頁「報身」の註参照）の大日如来がそのさとりの内容をみずから省みてたのしむために示された秘密の教えであるから密教、真言秘教という。

三密行業　真言宗の修行。密教では、衆生の身体・言語・意志（三密）がそのままに人間の思慮の及ばない不可思議なさとりの体（本体）・相（すがた）・用（はたらき）にかない、衆生と仏とが一体になると説く。

法華一乗　『法華経』に説くところの、生きとし生けるものをひとしく仏果に向かわしめる唯一の教法（一乗）のこと。

四安楽行　『法華経』安楽行品に説く菩薩の四種の修行。身体・言語・意志の三種の生活行為においてあやまちを離れ、生きとし生けるものをさとりに導こうという誓いをたてること。

二四　**法性**　仏教でいう真実の姿。

無礙の光明　何ものも妨げることのできない仏

の救いの光。

二四　**三十二相八十随形好**　仏教がバラモン教から踏襲した思想で、さとりを開いた者の独自の姿を言う。

心光摂護　弥陀の大慈悲心から放たれる光明が信心の人を摂めまもること。

六道　（一〇頁「生死を離れる」の註参照）

二五　**廻心**　悪心をひるがえして善心に向うこと。ここでは、弥陀の本願の信心を頂戴することをいう。

一向専修　阿弥陀仏の第十八願によって、余行余善に心を向けず、一向にもっぱら念仏の一行を修すること。

柔和忍辱　心がおだやかで、侮辱や迫害に対して忍び耐えていかりの思いを起こさないこと。

二八　**善信**　法然の門弟であったころの親鸞の名。

二九　**散善義**　善導の主著『観経四帖疏』の一部。『観経』の散善（八〇頁註参照）三種九品を解説する。法然を通じて親鸞の教義に大きな影響を与えた。

曠劫　はるかな昔。曠は遠い、久しい意。

三〇　**火宅**　迷いの世界には種々の苦悩が充満して衆生を苦しめていることを、猛火に包まれた家にたとえた語。

執持抄

三五　**正定聚の位**　（一三頁「定聚の位」の註参照）

滅度　煩悩を滅し、生死を超越したさとりの境地。

三八　**三悪道**　六道（一〇頁「生死を離れる」の註参照）の中の地獄・餓鬼・畜生の世界。

三九　**十悪・五逆**　（二一頁註参照）

四重・謗法　四重とは十悪のなかでも極重の罪とされる殺し・盗み・姦淫・嘘をつくことであり、謗法とは仏の教えをそしることをいう。

三途・八難　三途とは三悪道のことで、悪因にひかれて堕ちる地獄・餓鬼・畜生の世界。八難とは仏を見たり、正しい教えを聞くことができなかったりする八つの障害。

全宇宙　仏教では、衆生が生死輪廻する六界および仏国土が全宇宙である。

無明の闇　真実の智慧がないために、闇夜の中を迷っているような状態をいう。

四一 **外縁** 外からはたらきかけてくる間接の原因。

内因 自分の内部にもっている直接の原因。

須弥山 仏教でいう宇宙観の中心にある高い山。日月はその中腹をめぐり、頂上などには諸天が住むという。

四二 **乃至一念** ここで用いられている一念には、表の「念仏」と内の「信心」の二重の意味が含まれている。ここでは内の「信心」を強調して訳した。

正定業 衆生が極楽往生するための正しい行為として、阿弥陀仏が選んだ業因。つまり念仏をさす。

四三 **廻向** 阿弥陀仏が私たち衆生に、救済の働きをめぐらしさしむけることをいう。

口伝鈔

四七 **如信上人** （一二三九―一三〇〇） 親鸞の長子。善鸞の子。幼い時から親鸞のもとにいて教義について学んだ。のちに奥州（現在の福島県）白川郡大網に住して教化にあたり、晩年は常陸国（現在の茨城県）金沢に移った。

逆修 生前にあらかじめ死後の自分のための修めるべき仏事を修めておくこと。

聖覚 （一一六七―一二三五） 法然の門侶で、親鸞の法兄である。祖父は信西（藤原通憲）、父は澄憲。『唯信鈔』等を著わし、比叡山東塔竹林房に住し、京都の安居院によく出入りしていたことから、安居院の法印と呼ばれる。一説には親鸞の吉水入室を手引きしたと伝える。

唱導師 説教師。法を説いて人を導く人。

愚癡無智 智慧がないために、おろかで事理の分別がつかないこと。

四九 **西意善綽** 法然の門弟。承元元年（一二〇七）死罪となる。

五一 **不浄の説法** 名誉や利益を求め、あるいは他との競争心からする説法。

五三 **無礙の光明** （二四頁註参照）

無明の闇夜 （三九頁註参照）

五五 **三毒** むさぼり（貪）・いかり（瞋）・おろかさ（癡）の三つ。代表的な煩悩。

凡夫 平凡で何のとりえもない人の意で、智慧の眼がひらかないために、煩悩などによっていろいろな苦しみから離れることができない我々をいう。

五五 **五乗** さとりの世界へ衆生を運ぶ教えのことで、それを人間・天人・声聞・縁覚・菩薩の五つに分類する。

五六 **宿善** 前世に行なった善根功徳。

宿悪 前世での悪い行ない。

五七 **宿因** 前世の業因。（八頁「業因」の註参照）

五八 **蓮位房** （本文七七頁参照）

六〇 **報身** 仏には一般に法身・報身・応身の三種の姿があるとされる。法身とは本来の姿であって、実は影も形もない。形あるものは有限存在であって、無限なる仏身にふさわしくないからである。報身とは法蔵菩薩が阿弥陀仏に成仏したように、仏道修行の報い（果報）として得られた仏身をいう。応身というのは、衆生済度のために仮りに出現する仏身をいう。応化身とも化身ともいう。

六二 **一切経** 大蔵経ともいう。釈尊の教説の経・律・論の三蔵や諸高僧の著書を集大成したもの。

六三 **勇猛精進** 勇ましく屈せずに、一心に仏道を求めて善い行ないを修すること。

六五 **末法濁世** 仏教の歴史観である正像末の三時の第三。一般に釈尊入滅後、正法五百年、像法一千年を経ると、末法一万年となり、仏教はその教えのみあって、それを実践する行も、またその果としてのさとりもない時となるという。日本では永承七年（一〇五二）に末法の世に入ったとされた。濁世とは、悪事によってけがされた世のこと。

俗塵 浮世のちり。現実の俗世間の煩わしいことがら。

六六 **八宗兼学** 三論・成実・法相・倶舎・華厳・律・天台・真言の八宗の教義をすべてよく体得していること。

六九 **聖光** 聖光房弁長（一一六二―一二三八）。法然の門弟で浄土宗鎮西派の祖。

七〇 **髻** 髪の毛を頭の上に束ねた所。たぶさ。

七一 **大乗同性経** 全二巻。北周の闍那耶舎の訳。楞伽城の羅殺王に大乗の教えを説いたもの。

七三 **報身・化身** （六〇頁「報身」の註参照）

倶舎論 『阿毘達磨倶舎論』。世親の著。玄奘の訳。三十巻が法相宗の基本書となっており、小乗仏教の概論を述べたもの。

七三　**廃立**　二つのことがらを比較して、優と劣、または難と易に分かち、一方を廃し、一方を真実として立てること。他力信仰においては、自力の諸行と他力の念仏とを比べて、自力諸行をもって劣難としてこれを廃し、他力念仏をもって優易としてこれを立てる。

七四　**恵信尼御房**　（一一八二―一二六八?）親鸞の妻。出自については、越後の豪族三善為教の娘、または当地の農民、あるいは三善家に仕えていた女性との説がある。

衾　寝るときからだをおおう夜具。四角形に縫ったもの。ふとん。

七五　**一向専念**　一向にもっぱら阿弥陀仏の名号を念ずること。

本地　仏・菩薩が人を導くために仮りにあらわされた姿（垂迹）に対して、もとの本体をいう。

大勢至菩薩　智慧のいきおいがあらゆる所に至るという意味から、智慧を象徴する菩薩で、観世音菩薩とともに阿弥陀仏の脇侍。

観世音菩薩　世の中のあらゆる音を聞き知って、生きとし生ける者を救うという意味から、慈悲を象徴する菩薩で、勢至とともに阿弥陀仏の脇侍。

七七　**垂迹**　（七五頁「本地」の註参照）

五濁　末世において発生する避けがたい社会的、精神的、生理的な五種のけがれ。すなわち劫濁（時代の汚れ。世の末に発生する社会悪）・見濁（諸々の邪悪な思想や見解が栄えること）・煩悩濁（精神的悪徳がみなぎること）・衆生濁（心身ともに人間の資質が低下すること）・命濁（人間の寿命が短くなり、生きんがためにかえって命を粗末にすること）をいう。

七八　**善恵房証空**　（一一七七―一二四七）法然の門弟で、浄土宗西山派の祖。

八〇　**胎生**　仏智を疑う者が阿弥陀仏の化土に生まれること。浄土に生まれても蓮華のつぼみの中にとざされて、あたかも母胎の中にあるように、真の浄土の荘厳を見ない。（一〇頁「真実報土」の註参照）

辺地　辺地懈慢土のこと。（九頁「真実報土」の註参照）

定善・散善　定善は、心を集中統一して（禅定という）修する善根をいい、散善は、日常の散り乱れた心のままで修する善根のこと。共に自力の修善方法である。

〈八一〉 **報身・三身**　（六〇頁「報身」の註参照）

荊渓　（七一一―七八二）中国唐代の人。中国天台宗の第九祖。名は湛然。一般に妙楽大師、荊渓尊者という。

覚運　（九五三―一〇〇七）天台宗の僧。比叡山東塔檀那院に住し、その教学は檀那流といわれて、源信の慧心流とならび称される。

久遠の昔に…　覚運はこのように述べて、弥陀の久遠成仏は、自分の発見であると誇っている。

〈八二〉 **楞伽経**　『大乗入楞伽経』。七巻。インド後期の大乗仏教思想を代表する経典。唐の実叉難陀訳。

般舟経　『般舟三昧経』。三巻。後漢の支婁迦讖の訳。この三昧を行なうとき、まのあたりに阿弥陀仏を見ることができるという。中国・日本では、この三昧をもとに常行三昧が勧められた。

三昧　心が統一されて散り乱れず、安らかな気持ちで功徳をたもつこと。

〈八三〉 **五時の教判**　天台宗の教相判釈で、釈尊一代の説法を年次によって、華厳、鹿苑、方等、般若、法華・涅槃の五時に分け、仏説の真意を明らかにする。最晩年の仏説である法華・涅槃の二教が最もすぐれているとされる。

〈八四〉 **五障**　五つの障害。一般に女性には、梵天・帝釈天・魔王・転輪聖王・仏になれない障害があるということ。

韋提希夫人　釈尊と同時代のインド摩掲陀国王、頻婆娑羅の后。わが子阿闍世太子の逆害を縁として釈尊に教えを請い、そのために『観無量寿経』が説かれたとされる。

〈八七〉 **浄土文類**　『浄土文類聚鈔』のこと。ただしここにいう浄土文類とは『顕浄土真実教行証文類』すなわち『教行信証』の行巻のことをさす。

〈九〇〉 **煩悩成就**　あらゆる煩悩（八頁註参照）を持っていることをいう。煩悩具足ともいう。

無間地獄　八大地獄の中の第八。苦しみの絶え間がないことから名づける。阿鼻地獄ともいう。

〈九一〉 **八苦**　生・老・病・死・愛別離・怨憎会・求不得・五蘊盛の八つの苦しみ。

〈九二〉 **聖人**　ここでは聖道門の自力の修行をはげむ人のことをいう。

九三　**六波羅蜜行**　仏となるために菩薩が修する六つの行。すなわち、布施（ほどこし）・持戒（おきてを守る）・忍辱（たえしのぶ）・精進（つとめはげむ）・禅定（心を統一する）・智慧（真理をさとる）をいう。

九四　**抑止門**　罪業を犯しても浄土へ往けるが、やはりしてはならないことなので、仮りに抑止するための教え。

九九　**白氏文集**　中国唐後期の詩人、白居易（七七二―八四六）が作った詩を集めた作品。

専心・専修・別発願の教え　阿弥陀仏が凡夫往生のために特別にたてた（別発願）第十八願に帰依して、もっぱらそれのみを信じ、ひたすら念仏だけを称えること。

改邪鈔

一〇三　**名帳**　それに自分の名が記入されることによって、極楽往生が約束されるとする名簿。融通念仏宗の祖良忍や時宗の祖一遍が念仏を勧めるために用い、仏光寺系でも使った。

大乗・小乗　乗はのりものという意味で、人びとをのせてさとりにみちびく教えのこと。仏となり自利利他を満足する菩薩の教えを大乗、自己の解脱のみを求める声聞・縁覚の教えを小乗という。

顕教・密教　顕教とは、経典にあらわに説かれた教えをいい、密教とは、経文からは知ることができない秘密の教えをいう。

血脈　師から弟子へ教えが絶え間なく伝えられることを、人体の血脈にたとえてこのようにいう。血脈相承とは、一般には師から弟子への師資相承をいうが、真宗では法主（門主）が血統によって継承されることを指す場合がある。

一〇五　**滅度**　（三二五頁註参照）

一〇七　**十三定善**　『観経』に説かれた自力の修善方法で、日想観・水想観・地想観・宝樹観・宝池観・宝楼観・華座観・像観・真身観・観音観・勢至観・普観・雑想観の十三をいう。（八〇頁「定善・散善」の註参照）

天親論主　一般に世親という。五世紀初頭頃北インドに生まれる。兄の無著の教えによって大乗教に帰し、大小乗にわたって論書の著述が多いので、世に千部の論主という。『無量寿経優婆提舎願生偈』（『浄土論』）は浄土門において特に尊重されるところである。

一〇七 **裳無衣** 時宗で用いる法衣の一種。

一〇八 **一遍上人** 一遍智真（一二三九—一二八九）。時宗の開祖。躍り念仏と賦算（南無阿弥陀仏決定往生六十万人と書いた木の札を与えることによって、極楽浄土への往生を保証すること）によって教えを説いた。

他阿弥陀仏 他阿真教（一二三七—一三一九）。時宗の第二祖。時宗教団の基礎づくりにつとめた。

一一〇 **役の行者** 役小角。七・八世紀頃の呪術者。修験道の開祖とされる。

一一三 **七箇条のご起請文** 元久元年（一二〇四）、比叡山の僧徒が念仏停止を訴えたさい、法然が門弟らと連署の上、言行を慎むべきことを誓約した文書。

一一八 **中陽院** 天上界の夜摩天と兜率天の中間にあるといわれる大城の名。春秋二期七か日の間、神々がここに集まって人の善悪をくらべ、悪を止めて善にすすましめるという。

一一九 **三界** 迷いの衆生が生死輪廻する、欲界・色界・無色界の三種の世界。

一二一 **頑迷魯鈍** かたくなでおろかなこと。

五音・七声 日本・中国の音律で、五音とは宮・商・角・徴・羽の五つの音のこと。七声は、五音に変徴・変宮を加えた音階のこと。

一二五 **密教** （一〇三頁「顕教・密教」の註参照）

五蘊 身心を形成する五要素。色蘊・受蘊・想蘊・行蘊・識蘊。

無常講 人生の無常を縁として修する仏事。平安朝の頃から行なわれた講の一種。

一二六 **因果撥無** 私たちが浄土へ往生するということは、悪人が地獄へ堕ちるなどの、因果の道理が否定されることであるという主張。

五障 （八四頁註参照）

一二七 **三福業** 幸福をもたらす三種の善行。世福（世間的道徳を守る）・戒福（仏の定めた生活軌範を守る）・行福（真実のさとりを願って大乗の諸善万行を修する）の三つをいう。

一二九 **廃立** （七二頁註参照）

一三〇 **権教・実教** 権教とは、仮りの教え、方便の教えをいい、実教とは、真実の教えをいう。

一四一　**天児屋根の尊**　天を支配する神に仕える人。すなわち、天照大神の臣下の第一とされる。

末裔　子孫のこと。

大織冠　天智天皇の時に制定された冠位の最高位。藤原鎌足に授与されたもので、鎌足の称ともなる。

玄孫　孫の孫。やしゃご。

後胤　子孫。末裔と同じ。

弼の宰相　弼は弾正台の次官。宰相は参議。

皇太后宮大進　天皇の母君のもとで、庶務に従事する職。

月輪殿　九条兼実（一一四九―一二〇七）。藤原忠通の三男、慈円の兄。九条家を創設し、月輪殿、法性寺殿とよばれた。法然の『選択本願念仏集』の撰述は、兼実の求めによるという。

三観仏乗　天台宗では、空・仮・中の三種の観法によって、生きとし生けるものがことごとく無上の仏果をさとると説く。

楞厳横川　『往生要集』の著者、源信（真宗七祖の第六）は比叡山横川の首楞厳院の別房慧心院に住んでいた。

四教円融　天台宗では、一代仏教を蔵・通・別・円の四教にわけ、法華経は一切の真理をかけめなくまどかにそなえた教えであるとする。

一四三　**末法**　（六五頁註参照）

衲　一般の人が捨ててかえりみない布を縫い集めて作った法衣。

一四五　**五濁悪時**　（七七頁註参照）

一四九　**信不退・行不退**　浄土教において、信心を重要視するか、念仏行を重要視するかという、二つの対立した立場。

信空上人　信空房法蓮（一一四六―一二二八）。藤原行隆の男と伝える。京都白川に住んでいたので、その門流を白川門徒と呼ぶ。

沙弥法力　法力房蓮生。法然の門弟。もと武士で、源頼朝に仕え、源平の戦いで活躍した。一二〇八年に死んだと伝える。

一五〇　**聖信房**　聖信房湛空（一一七六―一二五三）。正信房とも書く。法然の門弟で、徳大寺実能の孫。

嵯峨二尊院を開いた。

一五〇　**勢観房**　勢観房源智（一一八三—一二三八）。法然の門弟。平師盛の子、重盛の孫と伝える。

念仏房　念阿弥陀仏（一一五七—一二五一？）。法然の門弟。嵯峨の往生院を開いた。

一五三　**無漏**　煩悩のけがれがないこと。

一五四　**行証**　修行と、それによってえられるさとり。

証道　本願念仏によって浄土に生まれさとりをえる大道。

奏達　天皇に申し上げて、お耳に入れること。

一五五　**奏聞**　天皇に申し上げること。

叡感　天皇が感嘆してほめること。

幽栖　静かなすまい。隠者の居住。かくれが。

蓬屋　草屋根の家。

一五九　**隠と顕**　隠とは文面の裏にかくされた真意、顕とは文面に明らかな、衆生を真意に導くための、仮りの方便の教えをいう。

三輩　浄土に生まれようと願う行者の中で、その修行の段階によって、上輩・中輩・下輩の三種をいう。

九品　『観経』散善義に説くところで、三輩（前註参照）をさらに上中下品の三種に細分して九種とする。上上・上中・上下・中上・中中・中下・下上・下中・下下の九種である。

一六一　**笏**　官位あるものが束帯の時にもつ手板。笏を正しくするということは、姿勢を正すこと。

一六二　**門葉**　一つの教派を奉じる同一信仰の人びとのこと。また、一つの本山を中心とし、これに属する末寺門徒の総称。

一六三　**奇特**　めずらしくすぐれていること。

報恩講式

一六七　**惣礼**　一同が合掌礼拝すること。

三礼　『華厳経』浄行品にある「三礼文」を唱えること。

如来唄　『勝鬘経』歎仏真実功徳章にある讃仏歌を唱えること。

表白　心の中に思うことを、口に表わして仏前に申し上げること。

顕密　顕教と密教のこと。（一〇三頁註参照）

九品聖聚　『観経』に説かれた九種の人々のこ

と。（一五九頁註参照）

一六七　**閻浮提**　仏教でいう現世界のこと。須弥山の南方に閻浮樹の林があり、そこを人間の住んでいる世界とする。

一七一　**定善・散善**　（八〇頁註参照）

一七三　**涅槃常楽**　涅槃とは滅度（三五頁註参照）にいたった状態。そこには煩悩の快楽（かいらく）とは無縁な、永遠の快楽（けらく）があるとされる。

一七四　**念仏をとなえて…**　親鸞が『愚禿鈔』に記している「前念命終、後念即生」という有名な言葉を、覚如はこのように展開している。解釈については諸説がある。曽我量深の「信に死し、願に生きよ」という主張も、右の親鸞の言葉の、独自の展開であるとされる。私自身は、念仏によって、それまでの生死流転の命を終え、以後は信心によって生きるという意味であると、一般的に解釈しておきたい。

一七五　**応現**　仏・菩薩が衆生救済のために、衆生の器量に応じてその身をあらわすこと。

権化　仏・菩薩が衆生救済のために仮りにこの世に生まれ出た姿。

一七六　**宿命通**　今の世に生きる人びとの前世の行ないを洞察する能力。

一七七　**三明六通**　三明とは三種の明らかな智慧のこと。すなわち、宿命明（宿世すなわち過去のことを知る）・天眼明（未来のことを知る）・漏尽明（現在のことを知る）をいう。六通とは、六神通力の略で、仏・菩薩の有する六種の超人的な能力のこと。すなわち、宿命通・天眼通・天耳通・他心通・神足通・漏尽通の六種をいう。

歎徳文

一八一　**俗典**　仏教以外の経典。

十乗三諦　十乗も三諦も、ともに天台宗の教理。十乗とは、十乗観法のことで、仏にたいする十種の観察方法をいい、三諦とは、すべての存在の真実のあり方である空・仮・中の三面をいう。

百界千如　天台宗の説。仏ないし地獄の十界に各十界をそなえるから百界となり、その一界に十如是があるから千如となるという。

一八三　**五人の祖師**　曇鸞・道綽・善導・懐感・少康の、

中国浄土教の祖師をさす。

一八三　**択瑛法師**　中国北宋代（一〇四五―一〇九九）、桐江の人。天台宗にくわしく、浄土教に心をよせた。

横竪二出・横竪二超　親鸞独自の仏教分類法。仏教全体を横出・竪出・横超・竪超に分かち、横は他力をあらわし、竪は自力をあらわす。また超はすみやかにさとりをひらく教え、出は段階をふんで、さとりを得ていく教えをあらわす。ゆえに横超が最高の教えである弥陀の本願である。『教行信証』および『愚禿鈔』にくわしく述べられている。

一八四　**二教に四十二対の異…**　『大経』の教えと『観経』・『小経』の教えとの違いを四十二にわたって分類し、大経に説かれている本願の教えが優れていることを説く。くわしくは『愚禿鈔』参照。

二機に一十八対の別…　他力と自力の機（教えをうけいれる器、つまり人間のこと）について十八に分類し、他力の機の優れていることを述べる。くわしくは『愚禿鈔』参照。

一八五　**弥勒三会の暁**　兜率天にいる弥勒菩薩が、仏滅後五十六億七千万年後に仏となり、龍華樹の下で三回の説法をする時、という意味。

御俗姓

一八九　**碩学**　深く学問を極めた人。

禅室　俗世間の煩しさを離れたしずかな庵室のこと。

専修専念　本願に誓われた他力の念仏をもっぱら修めもっぱら称えること。

遷化　高僧の死のこと。

真継伸彦（まつぎ　のぶひこ）

1932年京都市生まれ。京都大学文学部独文科卒業後、校正アルバイト、専修大学図書館勤務、青山学院大学ドイツ語講師などをしながら同人誌活動。1963年、歴史小説『鮫』で文藝賞を受賞。執筆活動を続けながら芝浦工業大学、桃山学院大学勤務を経て、姫路獨協大学外国語学部教授。2016年８月逝去。

著書　『鮫』（河出書房新社1964）、『光る聲』（河出書房新社1966）、『無明』（河出書房新社1970）、『日本の古典 第12巻 親鸞・道元・日蓮』（共訳、河出書房新社1973）、『林檎の下の顔』（筑摩書房1974）、『親鸞』（朝日評伝選、朝日新聞1975）、『闇に向う精神』（構想社1977）、『私の蓮如』（筑摩書房1981）、『青空』（毎日新聞社1983）、『心の三つの泉 シャーマニズム・禅仏教・親鸞浄土教』（河出書房新社1989）など多数。仏教への関心も深く信仰の問題を追求した作品が多い。

新装版　現代語訳 親鸞全集５　言行・伝記

一九八二年　七 月二八日　初　版第一刷発行
二〇二三年　八 月二五日　新装版第一刷発行

訳　者　真継伸彦
発行者　西村明高
発行所　株式会社　法藏館
京都市下京区正面通烏丸東入
郵便番号　六〇〇－八一五三
電話　〇七五－三四三－〇〇三〇（編集）
　　　〇七五－三四三－五六五六（営業）

装幀　山崎　登
印刷・製本　亜細亜印刷株式会社

ISBN 978-4-8318-6598-4 C3015